陇东学院乡村振兴研究院"陕甘宁革命老区乡村振兴"专项课题研究成果

光明社科文库
GUANGMING DAILY PRESS:
A SOCIAL SCIENCE SERIES

·经济与管理书系·

推进乡村组织振兴
完善乡村治理体系

石林溪 | 著

光明日报出版社

图书在版编目（CIP）数据

推进乡村组织振兴　完善乡村治理体系 / 石林溪著. -- 北京：光明日报出版社，2024.4
ISBN 978-7-5194-7766-0

Ⅰ.①推… Ⅱ.①石… Ⅲ.①乡村—社会管理—研究—中国 Ⅳ.①D638

中国国家版本馆 CIP 数据核字（2024）第 083052 号

推进乡村组织振兴　完善乡村治理体系
TUIJIN XIANGCUN ZUZHI ZHENXING　WANSHAN XIANGCUN ZHILI TIXI

著　　者：石林溪	
责任编辑：宋　悦	责任校对：刘兴华　李佳莹
封面设计：中联华文	责任印制：曹　诤

出版发行：光明日报出版社
地　　址：北京市西城区永安路 106 号，100050
电　　话：010-63169890（咨询），010-63131930（邮购）
传　　真：010-63131930
网　　址：http://book.gmw.cn
E - mail：gmrbcbs@gmw.cn
法律顾问：北京市兰台律师事务所龚柳方律师
印　　刷：三河市华东印刷有限公司
装　　订：三河市华东印刷有限公司

本书如有破损、缺页、装订错误，请与本社联系调换，电话：010-63131930

开　　本：170mm×240mm
字　　数：174 千字　　　　　　　　印　　张：13.5
版　　次：2024 年 4 月第 1 版　　　印　　次：2024 年 4 月第 1 次印刷
书　　号：ISBN 978-7-5194-7766-0
定　　价：85.00 元

版权所有　翻印必究

总　序

在脱贫攻坚取得全面胜利以后，我国"三农"工作重心历史性地转向全面推进乡村振兴，并朝着共同富裕的目标不断迈进。实施乡村振兴战略，是党中央从党和国家事业全局出发、着眼于实现"两个一百年"奋斗目标、顺应亿万农民对美好生活的向往做出的重大决策，是新时代"三农"工作总抓手，是关系全面建设社会主义现代化国家的全局性、历史性任务。

民族要复兴，乡村必振兴。党的十八大以来，以习近平同志为核心的党中央坚持把解决好"三农"问题作为全党工作的重中之重，不断推动"三农"工作理论创新、实践创新和制度创新，农业农村发展取得了历史性成就，发生了历史性变革，为党和国家事业开创新局面奠定了坚实的基础。乡村振兴，既要塑形，也要铸魂。在这一新的历史背景下，乡村社会和民众的内生动力日益凸显出来。当前学术界对于乡村振兴重要论述的研究主要集中在其生成逻辑、理论内涵与实践路径等方面，但是以马克思主义"三农"思想为指导，镜鉴和超越发展经济学相关理论，深入研究中国特色社会主义乡村振兴道路的理论成果相对较少。

革命老区是党和人民军队的根，是中国人民选择中国共产党的历史见证。而大部分革命老区位于多省交界地区，很多仍属于欠发达地区。

为加大对革命老区的支持力度，近年来国务院出台的《国务院关于新时代支持革命老区振兴发展的意见》和国家发展和改革委员会公布的国务院批复的《"十四五"特殊类型地区振兴发展规划》等多个涉及革命老区振兴的指导性文件，实施部署了一批支持措施和重大项目，助力革命老区如期打赢脱贫攻坚战，持续改善基本公共服务，发挥特色优势推进高质量发展，为全面建成小康社会做出了积极贡献。

陕甘宁革命老区是党中央和中国工农红军长征的落脚点，又是八路军奔赴抗日前线的出发点。这里曾是老一辈无产阶级革命家战斗和生活的地方，是爱国主义、革命传统和延安精神教育基地。随着新一轮西部大开发的深入推进和全面建设小康社会进程加快，陕甘宁革命老区发展面貌发生了巨大变化。陕甘宁革命老区生态地位重要、土地资源丰富，但由于水资源匮乏，生态环境整体脆弱。区域内大部分地区属于典型的黄土高原丘陵沟壑区，山、川、塬兼有，沟、峁、梁相间，地貌类型多样，虽然拥有子午岭、玉华山等大片原始次生林，是国家重要的生态屏障，但土地、荒滩、沙地面积大，年均降雨量只有200～500毫米，人均水资源总量仅为全国平均水平的15%，在乡村振兴战略实施方面与东部地区相比，发展不平衡的问题十分明显。

作为地处陕甘宁革命老区的普通高校，陇东学院坚守建设西部高水平应用型本科院校办学定位，努力建设与区域经济社会发展良性互动的高水平应用型大学。陇东学院乡村振兴研究院着眼于解决陕甘宁革命老区农村经济发展相对滞后、现代产业体系尚未形成、高效交通网络仍需完善、基本公共服务水平有待提高、振兴发展所需人才短缺等发展难题，着力探索健全促进农村经济发展长效机制、推动城乡融合、发展特色产业、完善政策体系，持续增强内生发展动力，不断增进民生福祉，开拓乡村振兴发展新局面。

为更好地把握陕甘宁革命老区乡村振兴战略的发展走向，更好地增强新时代做好革命老区"三农"工作的历史主动性，陇东学院乡村振兴研究院设立了"陕甘宁革命老区乡村振兴"专项研究课题，本套丛书正是课题研究的阶段性成果，共分为五本，分别研究老区乡村产业、人才、文化、生态、组织振兴方面的问题。希望本套丛书能够为陕甘宁革命老区乡村振兴战略更好实施，贡献我们的智慧。由于团队水平有限，加之研究工作受到新冠疫情干扰，很多调研工作不深入，书中难免出现谬误，敬请专家和读者批评指正。

陇东学院院长　辛刚国

2023 年 8 月

序

乡村振兴战略是新时代解决我国农业农村发展不充分不平衡的重大战略之一。要确保乡村振兴战略有序推进，乡村组织振兴起着重要的基础保障作用。组织振兴是关系乡村振兴战略的核心一环，直接决定了战略的顺利实施。作为农村基层必须补齐短板，实现组织振兴。建立现代乡村治理体系，充分发挥各级组织在乡村治理中的作用，实现自治、法治、德治"三治融合"治理，为农业农村优先发展创造坚实的组织保障和良好的社会环境，建设充满活力、和谐有序的乡村社会，逐步实现乡村治理现代化，才能有效保障乡村振兴战略的实施。

乡村组织振兴，关键在"治理有效"，探索构建新时代更加有效、充满活力的乡村治理体系。本书分析指出，要着力加强基层党组织建设，夯实乡村基层党领导的战斗堡垒；要重视多元治理主体的协同共治，建立符合中国国情、更加完善有效、多元共治的现代乡村治理体系；要深化村民自治实践，建设法治乡村、提升乡村德治水平，因地制宜探索各具特色的治理模式；要将自治、法治与德治相结合，以共建共治共享的"三治融合"体系促进乡村治理更加有效、充满活力、安定有序，实现乡村治理现代化。

本书由陇东学院经济管理学院石林溪著，全书包括七章内容，共计

174千字。本书出版得到"陇东学院著作基金"资助。

  由于作者理论水平有限，书中难免有不足与疏漏之处，恳请读者批评指正。

目 录
CONTENTS

第一章 战略定位：强化组织振兴助力乡村振兴 …………………… 1
  第一节 乡村振兴战略概述 …………………………………………… 1
    一、乡村振兴战略提出的时代背景 ………………………………… 2
    二、实施乡村振兴战略的总体要求 ………………………………… 6
    三、新时代实施乡村振兴战略的重大意义 ……………………… 14
  第二节 组织振兴概述 ……………………………………………… 18
    一、乡村治理中的乡村组织 ……………………………………… 19
    二、组织振兴的内容 ……………………………………………… 20
    三、组织振兴在乡村振兴战略中的定位 ………………………… 22

第二章 厚植根基：夯实乡村基层党组织堡垒 …………………… 26
  第一节 乡村基层党组织建设的时代意义 ………………………… 26
    一、乡村基层党组织建设是巩固党执政地位的重要基础 ……… 27
    二、乡村基层党组织建设是实现乡村振兴战略的重要保障 …… 28
    三、乡村基层党组织建设是提升基层治理能力的有效途径 …… 31
    四、乡村基层党组织建设是实现农业农村现代化的现实需求 … 32
  第二节 乡村基层党组织建设现状 ………………………………… 33
    一、政治功能逐步强化 …………………………………………… 34
    二、服务发展日益规范 …………………………………………… 35

  三、基层治理逐步深化 …………………………………… 35
  四、统筹规划科学推进 …………………………………… 35
  五、责任保障更加有力 …………………………………… 36
 第三节 乡村基层党组织建设实践路径 ………………………… 36
  一、强化政治建设，突出领导核心引领作用 …………… 37
  二、厚积党建实力，提升农村基层治理能力 …………… 42
  三、加强人才支撑，推动党员结构合理优化 …………… 47

第三章 多元共治：健全乡村治理组织体系 ……………… 51
 第一节 乡村组织体系概述 ……………………………………… 51
  一、乡村组织概况 ………………………………………… 52
  二、乡村组织功能 ………………………………………… 55
  三、乡村组织体系建设意义 ……………………………… 58
 第二节 乡村治理组织体系完善路径 …………………………… 60
  一、强化村级组织工作力量，优化基层组织体系构建 … 61
  二、厘清基层组织主体关系，促进不同组织融合发展 … 63
  三、改善乡村公共服务水平，提升基层组织治理效能 … 65

第四章 自治为基：加强乡村自治组织建设 ………………… 67
 第一节 村民自治的产生与发展 ………………………………… 67
  一、村民自治产生的背景 ………………………………… 68
  二、村民自治组织的建立 ………………………………… 71
  三、村民自治的逐步深化 ………………………………… 76
  四、村民自治的全面提升 ………………………………… 85
 第二节 村民自治的成效与经验 ………………………………… 91
  一、村民自治的成效 ……………………………………… 92
  二、村民自治的历史经验 ………………………………… 95
 第三节 村民自治的完善与提升 ………………………………… 100
  一、树立现代化治理理念 ………………………………… 100
  二、提升自治主体效能 …………………………………… 104

三、完善乡村治理制度 …………………………………… 106
四、夯实村民自治的物质基础 …………………………… 109

第五章 法治为纲：推进乡村治理法治化 ……………………… 112
第一节 乡村治理法治化内涵与特征 ……………………… 112
一、乡村治理法治化的内涵 ……………………………… 113
二、乡村治理法治化的特征 ……………………………… 114
第二节 乡村治理法治化的重要意义 ……………………… 117
一、深化全面依法治国 …………………………………… 118
二、推进乡村振兴战略 …………………………………… 119
三、助推国家治理现代化 ………………………………… 121
第三节 乡村治理法治化的现状 …………………………… 123
一、乡村治理主体现状 …………………………………… 123
二、乡村治理方式的现状 ………………………………… 125
三、乡村治理法治化实践的现状 ………………………… 126
第四节 乡村治理法治化的困境 …………………………… 127
一、乡村治理法治体系不健全 …………………………… 128
二、乡村法治治理主体权责不清晰 ……………………… 128
三、乡村治理涉农立法、司法和执法不连贯 …………… 130
四、乡村法治文化建设不完善 …………………………… 132
第五节 推进乡村治理法治化的路径 ……………………… 134
一、健全新时代我国乡村法治治理体系 ………………… 134
二、明确乡村法治治理主体权责边界 …………………… 136
三、加强乡村治理立法、司法以及执法的连贯性建设 … 138
四、培育乡村法治文化 …………………………………… 141

第六章 德治为根：筑牢乡村振兴之魂 ………………………… 144
第一节 乡村治理德治建设的内涵与作用 ………………… 144
一、乡村治理中德治的内涵 ……………………………… 145
二、乡村治理德治建设的作用 …………………………… 147

第二节　新时代乡村治理中德治实践取得的成就……………… 150
  一、乡村德治政策支持逐步加大……………………………… 150
  二、乡村德治实践经验不断丰富……………………………… 152
  三、乡村德治水平显著提升…………………………………… 154
第三节　新时代乡村治理中的德治困境…………………………… 156
  一、乡村德治建设内生动力不足……………………………… 156
  二、优秀传统乡土文化逐渐消解……………………………… 157
  三、乡村德治实践主体力量分散……………………………… 158
  四、乡村农民德治教育落实欠缺……………………………… 159
第四节　乡村治理中德治实践的完善路径………………………… 160
  一、奠定物质基础：推动乡村经济转型发展………………… 160
  二、保障文化基础：弘扬优秀传统乡土文化………………… 163
  三、统筹主体力量：明确各类主体责任担当………………… 165
  四、强化精神支撑：整合德治实践教育内容………………… 167

第七章　治理有效：实现乡村治理现代化……………………… 169
第一节　乡村治理现代化的内涵与理论基础……………………… 169
  一、乡村治理现代化的内涵…………………………………… 169
  二、乡村治理现代化的理论基础……………………………… 171
第二节　乡村治理现代化的顶层设计……………………………… 176
  一、关于乡村治理的中央政策的总体分析…………………… 177
  二、乡村治理体系的基本要素………………………………… 178
第三节　乡村治理现代化的实现路径……………………………… 184
  一、多元主体协作共治………………………………………… 184
  二、治理机制完善发展………………………………………… 187
  三、治理能力整体提升………………………………………… 190

参考文献…………………………………………………………… 193

第一章

战略定位：强化组织振兴助力乡村振兴

党的十九大提出，实施乡村振兴战略是以习近平同志为核心的党中央在总结我国七十多年来建设、改革的经验基础上，着眼于社会主义现代化建设全局，为化解乡村社会现代化发展进程中面临的突出矛盾，加快农业农村现代化而提出的重大战略安排。推动乡村全面振兴离不开组织振兴，组织力量是全面推动乡村发展振兴最强有力的保障。组织兴，则乡村兴；组织强，则乡村强。实现乡村全面振兴，必须发挥组织振兴的基础性、引领性、保障性作用。

第一节 乡村振兴战略概述

"三农"问题是关系国家生存和发展的基础性问题，是全党工作的重中之重。农业农村现代化一定程度上决定着国家现代化的实现程度。党的十九大报告提出实施乡村振兴战略，要坚持农业、农村优先发展，巩固和完善农村基本经营制度，确保国家粮食安全，把中国人的饭碗牢牢端在自己手中。加强农村基层基础工作，培养造就一支懂农业、爱农村、爱农民的"三农"工作队伍。2018年1月出台的《中共中央国务院关于实施乡村振兴战略的意见》指出，实施乡村振兴战略是新时代"三农"问题的总抓手。乡村振兴战略作为十九大报告中提出的决胜全面建成小康社会、开启全面建设社会主义现代化国家新征程的"七大战略"之一，被视为中国全面建成小康社会的"最后一公里"，它涉及乡村经济、政治、文化、社会、生态五个方面，遵循"创新、协调、绿色、开放、共享"新发展理念，是国家从乡村角度出发寻求解决城乡发展不平衡、乡村发展不充分问题的重大举措。对解决农业、农村和农民问题，保持农村社会长期稳定，加快推进农业农村现代化，建设社会主义现代化强国具有重要意义。

一、乡村振兴战略提出的时代背景

党的十九大报告指出，中国特色社会主义进入新时代。习近平在深刻把握人类社会政治历史发展规律的基础上，着力把握我国社会政治发展的当代方位。他指出："中国特色社会主义进入了新时代，这是我国发展新的历史方位。"[1] 新时代是夺取中国特色社会主义伟大胜利的时代，是全面决胜建设小康社会，进而全面建成社会主义现代化强国的时代，是逐步实现全体人民共同富裕、奋力实现中华民族伟大复兴中国梦的时代。乡村振兴战略是基于我国所处的历史方位和新时代的历史使命提出来的，是在对习近平新时代中国特色社会主义的本质内涵的科学凝练的基础上提出来的。我国农村农业的发展和"三农"政策的转变、新时代我国社会主要矛盾的变化以及全面实现社会主义现代化建设是乡村振兴战略提出和实施的宏大背景。

（一）新时代我国社会主要矛盾的发展变化

社会主要矛盾的发展变化是社会生产力与生产关系、经济基础与上层建筑两大基本矛盾运动的必然结果，是标志社会发展到某一重要阶段的指示器和晴雨表。事物的主要矛盾是决定事物性质的主要方面，也是

---

[1] 习近平．决胜全面建成小康社会——夺取新时代中国特色社会主义伟大胜利：在中国共产党第十九次全国代表大会上的报告［R］．北京：人民出版社，2017：10.

推动事物运动变化的根本动力。能够抓住社会主要矛盾的新变化及新特征，就能对社会发展的基本趋势做出科学研判，就能为正确解决这一时期及后续较长时期内的突出问题和矛盾提供思路、方法、依据和原则。① 随着中国特色社会主义进入新时代，社会结构深刻变动，利益关系更加复杂多样，思想观念日益多元多变。我国社会所面临的主要矛盾已经转变为人民日益增长的美好生活需要和不平衡不充分的发展之间的矛盾。社会的主要矛盾规定和影响着其他社会矛盾的发展变化。新时代我国社会的主要矛盾发展变化对党和国家的各项工作提出了新的发展思路和发展要求，事关我国社会发展的全局性、宏观性的调整，决定了我国在经济、政治、社会和文化领域的发展变化和发展趋势。社会主要矛盾的发展变化对"三农"提出了新的要求。习近平指出："我国发展最大的不平衡是城乡发展不平衡，最大的不充分是农村发展不充分。"② 乡村振兴战略的提出适应我国社会主要矛盾的发展变化。新时代我国农村社会的主要矛盾发生了变化，主要矛盾表现为农村社会发展相对滞后，城乡发展不平衡、不充分，城乡居民收入差距大。社会主要矛盾的发展变化，对新时代振兴乡村提出了新任务。对实现农业农村现代化，促进城乡协调发展，提升城镇化的发展水平具有重要的时代价值。

（二）推进农业农村现代化，是实现共同富裕的必然选择

新中国成立70多年来，我国社会主义现代化建设取得了举世瞩目的成就，但同城市化和工业化相比，农村农业的现代化水平依然比较低，城乡二元结构没有得到有效改变，乡村发展长期滞后于城市的状况并没有发生变化。农村公共事业和基本公共服务水平如文化、教育、卫生服务水平与城市相比具有较大差距。部分乡村，尤其是西部地区乡村

---

① 黄鑫权. 新时代乡村振兴问题研究［D］. 贵阳：贵州师范大学，2020：99.
② 习近平. 把乡村振兴战略作为新时代"三农"工作总抓手［J］. 求是，2019（11）：5.

逐渐出现"衰退""凋敝"现象。我国城市化发展为广大农民提供了大量的就业岗位，但农村青壮年劳动力离开乡村到城市打工，也说明城市化发展客观上造成了村庄空心化、农户空巢化、农民老龄化的现象，留守农村的几乎全部是老年人、妇女和儿童，使农村发展缺乏活力、动力和人气。农业农村现代化发展水平还需进一步提升，乡村基层治理现代化的水平不高，治理成效不够显著。构建新时代现代乡村治理体系和治理体系，实现乡村治理现代化和农业农村现代化还需要走很长的路。

中国特色社会主义进入新时代，党和国家高度重视"三农"工作，把农业、农村、农民问题看作是关系国计民生的根本性问题，坚持把解决好"三农"问题作为全党工作的重中之重。习近平指出："中国要强，农业必须强；中国要美，农村必须美；中国要富，农民必须富。"[①]推进农业农村现代化是全面建设社会主义现代化国家和解决发展不平衡不充分问题的重要举措，是推进农业农村高质量发展的必然选择。乡村振兴战略的实施是实现农业农村现代化和共同富裕的总抓手。

（三）农耕文明和乡土文化发展面临的困境

改革开放以来，随着城市化发展，我国乡村的空心化、人口老龄化问题日益突出，农耕文明和乡土文化在城市化进程中也逐步消解，乡村社会自治与发展的内在力量逐渐被弱化，但我国在城市发展和城市化进程中，还没有形成高度的城市文明。农耕文明、乡村传统文化已经出现"断层""衰退"的趋势，农村思想道德建设水平较低，道德失范、公序良俗失效的乡村逐步增多，一些农村地区农民的攀比之风日盛，农村传统文化逐步消解。在我国的现代化进程中，党和国家充分认识到农耕文明的传承发展对于乡村建设、乡村振兴和共同富裕具有极其重要的意

[①] 中央政策研究室.十八大以来重要文献选编：上［M］.北京：中央文献出版社，2014：658.

义和作用。习近平总书记关于乡村文明发展的重要论述和深刻反思，指引着乡村振兴战略的制定和实施。在这里对习近平关于乡村文明和农耕文化的重要论述做以摘录：乡村文明是中华民族文明史的主体，村庄是这种文明的载体，耕读文明是我们的软实力。在实现城乡一体化发展的过程中，必须慎砍树、不填湖、少拆房，改善居民生活条件的同时以最大限度保留村庄的原始风貌。农耕文化是我国农业的宝贵财富，是中华文化的重要组成部分，不仅不能丢，而且要不断发扬光大。如果连种地的人都没有了，靠谁来传承农耕文化？[①] 村庄空心化和"三留守"是一个问题的两个侧面。外在表现是村子空了，本质上是人一茬一茬离开农村。我国传统文明的发源地在农村，这片土地上孕育着源远流长的乡土文化，我们必须把乡土文化作为重要内容纳入到整个社会主义新农村建设中来，使之成为推动新农村建设和实现全面小康目标的强大动力。在新农村建设中，必须以符合农村实际的方式为导向，遵循乡村自身的发展规律，充分体现农村的特点，注重保留乡土味道和乡村风貌，让青山绿水得以留存，唤起人们的乡愁情感。中华文明根植于农耕文明。从中国特色的农事节气，到大道自然、天人合一的生态伦理；从各具特色的宅院村落，到巧夺天工的农业景观；从乡土气息的节庆活动，到丰富多彩的民间艺术；从耕读传家、父慈子孝的祖传家训，到邻里守望、诚信重礼的乡风民俗；等等，都是中华文化的鲜明特征，蕴含着华夏文明源远流长的基因密码，彰显着中华民族的思想智慧和精神追求。[②] 所以说乡村振兴战略的提出，是对改革开放以来我国城市化发展和工业文明的深刻反思，是对当前乡村文化发展的有力回应，是复兴农耕文化和乡土文明的强力举措，是乡村社会共同富裕的重要抓手。

---

① 中央政策研究室.十八大以来重要文献选编：上 [M].北京：中央文献出版社，2014：605-606，682.
② 习近平.论坚持全面深化改革 [M].北京：中央文献出版社，2018：406.

二、实施乡村振兴战略的总体要求

党的十九大报告指出，实施乡村振兴战略，要坚持农业农村优先发展，按照产业兴旺、生态宜居、乡风文明、治理有效、生活富裕的总要求，建立健全城乡融合发展体制机制和政策体系，加快推进农业农村现代化。"五大要求"分别对应"产业、生态、文化、组织和人才"等多方面的振兴，是紧密衔接、缺一不可的整体布局和实施路径。乡村振兴战略的总要求抓住了我国广大农民最现实、最直接的利益问题，具有鲜明的目标导向和价值导向。深入理解乡村振兴战略的总要求，为新时代实现农业全面升级、农村全面进步、农民全面发展指明了方向和重点。乡村振兴战略的实施是一项错综复杂、系统性强的工程，它涉及经济、政治、文化、生态和社会生活等多个方面，为了有序地推进乡村振兴战略实施，必须对其五大总体要求及相互关系进行科学理解。

（一）产业兴旺是乡村振兴的基础和根本

2018年1月2日下发的《中共中央国务院关于实施乡村振兴战略的意见》指出："乡村振兴，产业兴旺是重点。必须坚持质量兴农、绿色兴农，以农业供给侧结构性改革为主线，加快构建现代农业产业体系、生产体系、经营体系，提高农业创新力、竞争力和全要素生产率，加快实现由农业大国向农业强国转变。"《中共中央国务院关于实施乡村振兴战略的意见》从"夯实农业生产能力基础，实施质量兴农战略，构建农村一、二、三产业融合发展体系，构建农业对外开放新格局，促进小农户和现代农业发展有机衔接"五个方面对产业兴旺的目标任务进行了细化和分解，对乡村产业振兴提出了总体要求和具体要求。乡村产业振兴的实现程度，直接取决于乡村社会生产力的发展水平、经济发展现状、经济结构状况，以及一、二、三产业的繁荣兴旺程度。乡村产业振兴是新时代我国经济社会高质量发展的必然要求，也是建设社会主义现代化强国的重要基础。在乡村振兴战略的总要求中,产业兴旺被赋予了至关重要的物质基础的地位,只有在乡村产业发展、乡风文明、生态宜居、治理有效、生活富裕的有序推进下,才能实现乡村振兴的目标。所以说产业振兴充分体现了现阶段发展农村社会生产力的重要地位和作用,是乡村振兴的物质基础和首要前提,是实现农业农村现代化的原动力,是解决乡村社会各种问题的最主要抓手。实施乡村振兴战略,要紧盯产业兴旺这个首要目标,因地制宜优化农村产业结构,培育农业农村发展新动能,以此来解决工业化、城镇化快速发展过程中农业农村产业空心化、结构单一化和农村萧条衰败的问题。

乡村产业振兴的关键是实现一、二、三产业融合发展,产业融合发展是产业兴旺的策略选择。《中共中央国务院关于实施乡村振兴战略的意见》指出要"发展乡村共享经济、创意农业、特色文化产业"。贺雪峰主张通过拓展农业产业链,将其延伸至加工业,从而实现农产品深加工,为农村提供更多就业和获利机会,从而促进农村产业的繁荣。[①] 以农业为中心拓展多种产业渠道,促进农民增收是产业振兴的关键目标。将传统农业生产方式与现代农业发展方式有机融合,以推动产业繁荣为目标,是小农户实现产业升级的有效途径。乡村的"三产"融合,为小农户提供了将农产品延伸至市场的机会,从而实现农民收益增长使其获利,这正是"兴旺"的真正内涵和寓意。乡村产业兴旺是农村经济持续健康稳定发展的根本保障,推动乡村产业的繁荣发展,可以激发乡民内在的生产动力和活力,从而促进乡民的收入增长,实现"生活富裕"。[②]

[①] 贺雪峰.大国之基[M].北京:东方出版社,2019:11.
[②] 张洁.乡村振兴战略的五大要求及实施路径思考[J].贵州大学学报(社会科学版),2020,38(5):61-72.

(二）生态宜居是乡村振兴的保证

生态宜居是乡村振兴战略总要求的第二点要求。《中共中央国务院关于实施乡村振兴战略的意见》指出："乡村振兴，生态宜居是关键。良好的生态环境是农村最大优势和宝贵财富。必须尊重自然、顺应自然、保护自然，推动乡村自然资本加快增值，实现百姓富、生态美的统一"，良好的生态环境和整洁的村容村貌是乡村文明程度的直接反映，也是美丽乡村的外部特征。"生态宜居"不仅包含"村容整洁"的内容，而且突出强调了人与自然和谐共生，强调了农村生态建设要由表及里、由物及人的过程。重建"望得见山、看得见水、记得住乡愁"的美丽乡村，既是我国生态文明建设的内在要求，也是满足广大人民群众对美好生活向往的最终目的。强调生态宜居的目的，就是要把生态文明建设放在突出地位，将农村环境治理落实到美丽乡村建设的全过程。国家倡导保留乡土气息、保存乡村风貌、保护乡村生态系统、治理乡村环境污染，让乡村人居环境绿起来、美起来。

2018年5月18日，习近平总书记在全国生态环境保护大会上讲话时指出"绿水青山就是金山银山""山水林田湖草是生命共同体。生态是统一的自然系统，是相互依存、紧密联系的有机链条。人的命脉在田，田的命脉在水，水的命脉在山，山的命脉在土，土的命脉在林和草，这个生命共同体是人类生存发展的物质基础"。[①] 保护生态环境就是保护生产力，改善生态环境就是要发展生产力。在乡村建设行动中，必须贯彻"绿水青山就是金山银山"的发展理念，尊重和保护乡村自然环境，将乡村的自然财富和生态资源合理转化为村民致富的经济财富和社会财富，使绿水青山持续发挥生态效益和经济社会效益，使其转化为促进社会经济发展的潜力和后劲。生态宜居是乡村富裕的自然基础，

---

① 习近平. 推动我国生态文明建设迈上新台阶［J］. 求是，2019（3）：4—19.

是一种人与自然环境和谐共处的理想状态，能够刺激乡村消费，将生态资源转化为乡村发展的经济资源。它为乡村农业、手工业、工业的产业融合提供必要的前提条件和资源优势，通过与生态资源的有机结合，推动乡村社会经济发展，为促进乡村生态文化发展提供宝贵的资源。

（三）乡风文明是乡村振兴的文化基础

乡风文明是乡村振兴战略总要求的第三点要求。《中共中央国务院关于实施乡村振兴战略的意见》指出："乡村振兴，乡风文明是保障。必须坚持物质文明和精神文明一起抓，提升农民精神风貌，培育文明乡风、良好家风、淳朴民风，不断提高乡村社会文明程度。"[1] 特定乡村内人们的信仰、观念、操守、爱好、礼节、风俗、习惯、传统和行为方式的总和被称为乡风，乡风能够凝聚、整合、同化、规范农村社会群体行为。[2] 乡风文明则指随着乡村居民的教育、思想、道德水平的不断提高，逐渐塑造出的一种优良的社会风尚。乡风文明程度是农业农村现代化发展水平的重要标志，是乡村振兴的保障。乡风文明属于意识形态的范畴，根源于一定的社会经济基础。它一经形成，就会对村民的行为产生一定的规制和导向作用。

从乡风文明的具体内容和要求来看，乡村文化建设在乡风文明建设中发挥着重要的作用，农民思想道德的提升和移风易俗行动的开展，都必须以乡村文化建设为基础和依托。所以说乡风文明是乡村振兴的"灵魂"和"根脉"，而乡风文明建设的关键在于乡村文化建设。

在《乡土中国》一书中，社会学家费孝通将中国社会性质断定为乡土社会。他认为，中国社会关系的结构是以"己"为中心，根据亲属关系的亲疏不断推衍出去的同心圆。这种同心圆的差序格局以封建宗

---

[1] 中共中央，国务院.2018年中央一号文件［Z］.新华社，2018-02-04.
[2] 郑炀和.论乡村精英与乡风文明建设：从权威与秩序的视角［J］.宁波大学学报（人文科学版），2009，22（3）：112-116.

法制为轴，包含直系亲属和旁系亲属在内的社会结构。[①]梁漱溟认为"中国社会是以乡村为基础，并以乡村为主体的，所有文化，多半是从乡村而来，又为乡村而设。"[②] 在乡土社会中形成的乡村文化、农耕文化和乡风民俗在乡村发展和村民文化认同培育中发挥着重要作用。传承、保护、发展和弘扬优秀的乡村文化是乡风文明建设的关键和核心。倡导乡村振兴，实质在于挖掘、传承和弘扬乡村卓越的传统文化，将新时代的元素融入到乡村文化中，以适应中国特色社会主义道路的发展。乡村文化具有深厚的历史底蕴。我国的传统乡村文化传承至今，以物质和非物质文化遗产为主要载体，延续至今。这些遗产不仅具有历史价值，而且有很高的艺术审美价值和教育意义。加强乡村文化建设首先要保护优秀乡村文化的载体和资源，对其进行挖掘、搜集、整理和利用，加强农村优秀传统文化资源的传承和保护。在传承中创新，在创新中发展，促进乡村文化振兴，提升文化自信，助力乡村振兴工作。

（四）治理有效是组织振兴的重要保障

"治理有效"是实现乡村振兴战略的总体要求之一，是乡村组织振兴的主要体现和重要保障。《中共中央国务院关于实施乡村振兴战略的意见》要求，加强基层党组织建设、深化村民自治实践、建设法治乡村、提升乡村德治水平、建设平安乡村，不断加强农村基层基础工作，构建乡村治理新体系。党的十九大报告指出，加强农村基层基础工作，健全自治、法治、德治结合的乡村治理体系。2018年中央一号文件明确指出："乡村振兴，治理有效是基础。坚持自治、法治、德治相结合，确保乡村社会充满活力、和谐有序。"[③] 2019年中央一号文件指出：

[①] 王铭铭，杨清媚. 费孝通与《乡土中国》[J]. 中南民族大学学报（人文社会科学版），2010, 30（4）：1-5.
[②] 梁漱溟. 乡村建设理论[M]. 上海：上海人民出版社，2006：10.
[③] 中共中央，国务院. 2018年中央一号文件[Z]. 新华社，2018-02-04.

"建立健全党组织领导的自治、法治、德治相结合的领导体制和工作机制"①。2020年中央一号文件指出："扎实开展自治、法治、德治相结合的乡村治理体系建设试点示范"②。《关于加强和改进乡村治理的指导意见》对乡村治理现代化的主要任务进行了整体部署。党的十九届四中全会提出构建基层社会治理新格局，完善群众参与基层社会治理的制度化渠道，健全党组织领导的自治、法治、德治相结合的城乡基层治理体系。基层治理体系，尤其是乡村治理体系是国家治理体系的重要组成部分，乡村治理是国家治理的基层实践场域。建设农业强、农村美、农民富、宜居宜业的美丽乡村，实现乡村全面振兴，治理有效是关键因素之一。

自1982年宪法确立实施村民自治制度以来，我国基层治理和乡村治理经历了村民自治的兴起、乡政村治的发展以及乡村共治的形成等多个阶段，乡村治理取得了显著成效，有力地推动了乡村民主政治建设。随着我国农村经济社会环境的巨变，传统的基层治理理念和模式已无法适应新时代乡村治理创新发展的需求。乡村治理的科学性、有效性和民主化程度受到一定程度的影响，治理理念落后、治理组织单元过大、治理主体单一、多元主体参与不到位、治理内容不明确、治理体制机制不畅、乡村精英参与治理模式不健全、农村社会组织发展滞后等现实困境依然存在。从乡村治理的实践模式来看，有浙江温岭的民主恳谈会、湖北秭归的"村落自治"乡村自治模式、山西晋中的"乡村治理法治化"等乡村法治模式和浙江德清乡贤参事会参与治理等乡村德治模式，呈现出单一性和碎片化的特点，缺乏系统构建协调发展的乡村治理体系，无法有效解决乡村治理面临的理论和实践困境。究其原因，主要在于缺乏

---

① 中共中央，国务院.2019年中央一号文件［Z］.新华社，2019-02-19.
② 中共中央，国务院.2020年中央一号文件［Z］.新华社，2020-02-06.

对"三治融合,协同共治"理念的深入理解与准确把握。建立"三治融合"乡村治理框架,推进"三治融合"发展,唯有以法治保障自治,以德治支撑自治,在自治中体现法治、信守德治,以德治促进法治,在法治中体现自治,方能最终体现乡村社会的善治。

（五）生活富裕是乡村振兴的最终目标

"生活富裕"是乡村振兴的五大总体要求的最终目标。实施乡村振兴战略,是解决人民日益增长的美好生活需要和不平衡不充分的发展之间矛盾的必然要求,是实现"两个一百年"奋斗目标的必然要求,是实现全体人民共同富裕的必然要求。把"生活富裕"作为总要求的最后要求和目标,既突出了目标导向,也突出了新时代解决"三农"问题的高标准和高要求。"生活富裕"以人们对美好生活的实现程度为衡量的主要标准,归根到底是实现农民增收、经济富裕和乡村美丽。"生活富裕"就是要让农民有持续稳定的收入来源,经济宽裕,生活幸福。实现"生活富裕"这一目标,就是要逐步拓宽增收渠道,持续促进农民增收,着重提高农民的就业质量和收入水平,把农民作为就业优先战略和积极就业政策的扶持重点,多渠道促进农民工就业创业。加强农民职业技能培训,为农民提供全方位公共就业服务,推动城乡义务教育一体化发展,努力让每个农村孩子都能享有公平且有质量的教育,使绝大多数农村新增劳动力接受高中阶段教育,更多接受高等教育。同时,要完善城乡居民基本养老保险制度,完善统一的城乡居民基本医疗保险制度和大病保险制度,统筹城乡社会救助体系、完善最低生活保障制度。[1] 高启杰认为,农民是农业和农村发展的主体,农民就业和增收是农村发展的核心问题。[2] 农民通过自主创业、就业和创新行动推动经济

---

[1] 李军国.准确把握乡村振兴战略的总要求[J].新长征,2018（3）：56-57.
[2] 高启杰.农村发展理论与实践[M].北京：国家开放大学出版社,2018：261.

发展是实现"生活富裕"、促进增收的有效途径和主要力量。实现"生活富裕"是乡村振兴的总目标，而农民作为主体，只有通过自主行动才能真正实现这一目标，激发农民的积极性、主动性和创造性，挖掘其经济致富的潜力，激发内生动力，从而通过自主行动促进经济增收，这是通向生活富裕的基本途径和行之有效的策略。当前，要把提升农民自主行动能力作为实施乡村振兴战略的根本保障。除了促进农民经济的繁荣，我们还必须致力于提升他们的精神境界。精神富裕的前提是农民拥有自己的精神家园，只有这样才能使农民摆脱贫穷的阴影，获得幸福指数。要实现乡村振兴，必须在财富和精神两个方面都有所提升。要想让农民过上幸福安康的生活，必须从精神层面进行富民强国建设。经济和精神的双重"富裕"是衡量富裕程度的标准，单独的经济繁荣或经济脱贫并不能真正实现"生活富裕"，只有把物质与精神结合起来才能最终达到精神富裕，才有可能从根本上解决农村问题，促进农业发展。精神富裕是目的，物质富裕是手段，两者缺一不可。

产业兴旺是根本，生态宜居是基础，乡风文明是关键，治理有效是保障，生活富裕是目标。它们在统一于农业农村现代化建设的进程中，相互联系、相互促进。产业兴旺、生活富裕对于其他目标的实现具有基础性、先导性作用，既是生态宜居的经济基础，也是乡风文明、治理有效的前提。产业兴旺是生活富裕的前提，若产业不发展，则生态宜居、乡风文明、治理有效、生活富裕就是空中楼阁。反过来，生活富裕、产业兴旺为乡风文明、乡村治理创造了条件。[1] 近年来，部分东部发达地区农村乡村振兴工作成效显著，乡村建设行动有序推进，如浙江省党政统合多主体、多要素共同富裕示范区建设，河南省兰考县多元群体"三捐"行动助力乡村建设，河南省灵宝市文化、技术赋智与农民培养

---

[1] 李军国. 准确把握乡村振兴战略的总要求[J]. 新长征, 2018 (3): 56-57.

相结合的弘农试验，都形成了一定的典型经验。在乡村治理、乡风文明和乡村宜居方面取得显著成效，与其在乡村产业发展和农民增收方面的工作密切相关。

三、新时代实施乡村振兴战略的重大意义

党的十八大以来，在以习近平同志为核心的党中央坚强领导下，我们坚持把解决好"三农"问题作为全党工作的重中之重，持续加大强农惠农富农政策力度，扎实推进农业现代化和新农村建设，全面深化农村改革，农业农村发展取得了历史性成就，为党和国家事业全面开创新局面提供了重要支撑。

党的十九大报告把乡村振兴战略作为党和国家的重大战略，这是基于我国的基本国情确定的，符合我国全面实现小康，迈向社会主义现代化强国的需要。实施乡村振兴战略，是实现农业农村现代化、促进城乡协同发展、解决我国社会面临的主要矛盾的重要举措。乡村振兴战略是一个总抓手，没有农业的现代化就没有国家的现代化。

（一）实施乡村振兴战略是新时代解决我国社会主要矛盾的现实需要

党的十九大报告指出，中国特色社会主义进入新时代，我国社会主要矛盾已经转化为人民日益增长的美好生活需要和不平衡不充分的发展之间的矛盾。新时代，我国社会主要矛盾的转化，对经济社会高质量发展提出了更高的要求。在我国社会的主要矛盾中，由于发展历史、发展机遇、区域位置等原因，从整体上看，人民日益增长的美好生活需要和不平衡不充分的发展之间的矛盾在广大农村地区表现得尤为明显。新时代在我国乡村更好地解决这一主要矛盾，提高广大农民群众的生活水平的需求，是乡村振兴战略提出的发展背景，更是乡村振兴战略要承担的使命担当。

自1978年改革开放以来，随着我国工业化和城市化的快速发展，乡村地区与城市地区在客观环境条件、资源分配、人员配置、资金配备上都存在一定的差距,城乡发展之间逐渐产生不平衡,农村发展相对滞后。目前我国社会发展不平衡主要体现为城乡之间发展不平衡和农村自身发展不平衡,尤其是东西部农村发展不平衡。发展不充分主要体现为"三农"发展的不充分,包括农业现代化发展的不充分、社会主义新农村建设的不充分、农民群体提高教科文卫发展水平和共享现代社会发展成果的不充分等。那么怎么解决这个不平衡不充分呢?从决胜全面建成小康社会,到基本实现社会主义现代化,再到建成社会主义现代化强国,解决这一新的社会主要矛盾需要实施乡村振兴战略。① 因此,在决胜全面建成小康社会的关键时刻,以习近平同志为核心的党中央提出实施乡村振兴战略,是深刻把握现代化建设规律和城乡关系变化特征,顺应亿万农民对美好生活的期待,对"三农"工作作出的新的战略部署,反映了时代的呼唤、发展的必然、人民的期盼。

(二) 乡村振兴战略是新时代我国"三农"工作的行动纲领

习近平总书记多次强调,小康不小康,关键看老乡。实施乡村振兴战略,在一定程度上体现了统筹推进"五位一体"总体布局,协调推进"四个全面"战略布局,是建设富强、民主、文明、和谐、美丽的社会主义现代化强国的具体行动,是新时代我国"三农"工作的行动纲领。正如习近平所言:"没有农业现代化,没有农村繁荣富强,没有农民安居乐业,国家现代化是不完整、不全面、不牢固的。"② 所以,乡村振兴战略是新时代指导"三农"工作的行动纲领,是解决"三农"问题的一项综合性、整体性和全面性的系统工程,更是建设美丽中国的重要组成部分,也是全面建成小康社会、实现"两个一百年"奋斗目

---

① 秦中春. 实施乡村振兴战略的意义与重点 [J]. 新经济导论,2017 (12):80-85.
② 李竞涵. 中国现代化为什么离不开农业农村? [N]. 农民日报,2022-03-03.

标的关键环节。①

要建设中国现代化农业强国,就要坚持创新、协调、绿色、开放、共享"五大"发展理念,实施乡村振兴战略,从根本上解决我国农业不发达、农村不兴旺、农民不富裕的"三农"问题。推动生产、生活、生态的协调发展,促进农业、加工业、现代服务业融合发展,实现农业发展、农村魅力、农民富裕,最终建成"望得见山、看得见水、记得住乡愁"②、留得住人的美丽乡村。乡村振兴战略坚持农业农村的全面发展,激活农业主体的发展潜力,激发乡村的发展活力,从根本上解决乡村发展滞后的问题。因此,在实现我国现代化强国的目标过程中,中央始终坚持把解决好"三农"问题放在重中之重的位置,是非常必要的。习近平总书记强调指出:"任何时候都不能忽视农业、不能忘记农民、不能淡漠农村;中国要强,农业必须强;中国要美,农村必须美;中国要富,农民必须富。"③

(三)实施乡村振兴战略是推动我国经济社会可持续发展的必然选择

乡村振兴战略是立足于社会主义初级阶段基本国情,解决我国城乡二元结构及其农村农业发展不平衡不充分的现实需要而做出的重大战略决策。在计划经济时代,第一波工业化是以牺牲农村为代价的,户口制度、城乡二元对立是第一波工业化的不良结果。改革开放后的第二波工业化也是这样,"农民工"成为一个特殊的概念,农民工是在城市工作但是没有城市居民身份的农民,他们几乎是城市化和城市建设的主体,但是他们享受不了城市化的利益。长期以来,我国农业生产的发展主要

---

① 李明,赵金科. 乡村振兴战略的重大意义及有效路径探微[J]. 新疆社科论坛,2019(1):79-83.
② 习近平. 习近平谈绿色发展:留得住青山绿水 记得住乡愁[EB/OL]. 共产党员网,2015-11-09.
③ 中国要强,农业必须强[EB/OL]. 中国政府网,2017-12-09.

重视农业产量的提升,而对农业效益、农村建设的重视程度不足。这一方面加剧了农业资源和环境的约束,限制了农业发展的空间,另一方面导致农村生产要素大量流失,农村人才、资金、土地等生产要素持续单向流入城市,农业农村发展的支撑力量被削弱,发展动力不足。所以说,改革开放以来,我国城乡经济社会发展成绩显著,但城市经济社会发展的同时,也进一步加剧了城乡分化,城乡二元化结构在一定程度上制约了农村经济社会的发展。

乡村振兴是推动经济社会持续健康发展的重要措施。农业是国家安全和社会稳定的基石。尽管我国近年来的经济增速有所减缓,但是农业基础的稳固依旧是推动就业增长、收入增长和环境改善的重要因素。充足的农产品供应和稳定的物价,为深化改革、推进结构调整、改善人民生活提供了坚实的支撑。同时,随着工业化、城镇化进程加快,城乡人口流动增多,农村富余劳动力向非农产业转移速度加快,使农业生产结构发生深刻变化,促进了传统农业向现代农业转变。通过加强农村基础设施和公共服务建设,加大有效投资力度,改善消费环境,扩大消费需求,从而为乡村振兴注入新的动力,进一步夯实农业基础。当前,农村的基础建设相对薄弱,农民的消费水平相对较低,这一短板也是未来经济社会持续发展的潜力所在。在经济社会发展中,我国的农业和工业发展比重日益失衡,实施乡村振兴战略的核心着力点在于从农村地区实际情况出发,整治农村环境,打造农村特色小镇,将乡村振兴战略与新农村建设战略相结合。在振兴乡村农业、经济、社会、生态格局的基础上,提高农村生活品质,助力城乡统筹发展,吸纳更多剩余劳动力,发展特色产业,通过城乡互补与协调,实现共同富裕。

实施乡村振兴战略是实现城乡均衡发展的必要条件,是推动新型城乡关系的关键,是实现我国经济可持续高质量发展的需要。实施乡村振兴战略,旨在推进农业现代化、提高农民生活水平、营造美丽和谐的农村环境。实施乡村振兴战略，有助于缩小城乡发展差距，吸引更多资本、技术和人才涌向乡村，从而促进城乡融合发展。同时也能带动农村劳动力转移，促进农村地区产业结构优化升级，从而更好地发挥出乡村对城市的反哺作用。实施乡村振兴战略，有助于解决广大农民在教育、就业、社会保障、医疗等方面所面临的诸多问题，同时也能够促进农村公共服务建设的完善，让广大农民共享发展的红利。实施乡村振兴战略为新时代"三农"工作树立了全局意识，不仅需要关注乡村经济的繁荣发展，还必须高度重视乡村生态环境的保护和文化传承。我国的乡村振兴战略以整体性为基础，从多个角度推动乡村的繁荣和发展，使我国乡村成为现代化的新乡村，经济繁荣、环境优美、人与人和谐相处。

因此，为了构建可持续发展社会，打造城乡一体化发展格局，借助乡村振兴战略，使其激活农村活力，提升农村生活品质，改善农民生活水平，让农民愿意长期生活在农村，以构建城乡统筹的人与自然和谐共处的新型环境。

第二节　组织振兴概述

"五个振兴"是习近平总书记在参加山东代表团审议时为乡村振兴战略指明的五个具体路径，即推动乡村产业振兴、乡村人才振兴、乡村文化振兴、乡村生态振兴和乡村组织振兴。"五个振兴"与产业兴旺、生态宜居、乡风文明、治理有效、生活富裕的总体要求互为表里，是一个包含天、地、人三者的鲜活治理系统，充满"致广大而尽精微"的中国智慧，成为我们今后实施乡村振兴战略的具体抓手和根本遵循。在"五个振兴"中，组织振兴是乡村振兴的根本保障。

一、乡村治理中的乡村组织

农村基层组织研究一直是学术界关注的热点问题之一。早在1982年1月，中共中央批转1981年12月的《全国农村工作会议纪要》（即1982年中央一号文件）指出："落实党在农村的一切方针、政策和完成各项工作任务，都必须依靠农村基层组织，包括党的组织、政权组织、经济组织和群众团体。"[①] 1994年11月，中共中央发出的《关于加强农村基层组织建设的通知》指出："农村基层组织建设，包括乡（镇）、村两级，重点是村。"[②] 多元主体协同治理是乡村治理发展的基本趋势。曹立前、尹吉东（2016）认为，在传统的农村治理中，基层政权和群众自治组织是最主要的两类主体，而在新型农村社会治理中，由于社会组织参与的程度不断加深，农村治理主体多元化已经形成。吕德文（2019）认为，乡村治理主体呈现出多元化的变迁轨迹。他指出，从70年来乡村自治的变迁看，其演进路径主要表现在治理主体多元化等三个方面。在"乡政村治"模式下，乡村治理主体逐渐多元化，村级组织逐步多元化，村干部、党员和村民代表成为村治主体。而在"三治"结合的乡村治理新体系中，各类社会组织也将是乡村治理的重要力量。[③] 2019年6月，中共中央办公厅、国务院办公厅印发的《关于加强和改进乡村治理的指导意见》中明确提出，应建立以基层党组织为领导、村民自治组织和村务监督组织为基础、集体经济组织和农民合作组织为纽带、其他经济社会组织为补充的村级组织体系。《关于加强和改

[①] 中共中央.1982年中央一号文件：全国农村工作会议纪要[EB/OL].央视网，2008-10-07.

[②] 张逸芳，陈国申.乡村振兴背景下农村组织建设研究的新趋势[J].领导科学论坛，2018（19）：13-16.

[③] 吕德文.70年来乡村治理的自治传统及实践动向[J].人民论坛，2019（29）：49-51.

进乡村治理的指导意见》明确支持乡村各种组织参与乡村治理。

党的十九大和十九届四中全会提出构建、坚持和完善共建共治共享的社会治理制度。构建农村基层党组织领导下的多元主体协同系统，需要在党的领导下，有机吸纳农村基层行政力量、社会力量和市场力量，积极探索全过程民主，实现"一核引领，多元协同"。建立和完善以党的基层组织为核心、以村民自治和村务监督组织为基础、以集体经济组织和农民合作组织为纽带、以各种经济社会服务组织为补充的农村组织体系，实现"乡村振兴组织体系"的健全。[①] 笔者认为，要实现乡村治理体系和治理能力的现代化，就要充分发挥多元主体协同治理的作用，要加强党的农村基层组织的领导，充分发挥农民在乡村治理中的主体作用，构建利益协调机制，使基层党组织、村民自治组织、农村社会自治组织、集体经济组织和合作经济组织等各个主体共享乡村治理的利益。

二、组织振兴的内容

目前国内学者关于组织振兴的研究，尚处于起步阶段，研究成果比较少。一般认为，组织振兴是乡村振兴的根本保障。组织振兴是关系乡村振兴战略的核心一环，直接决定了战略的顺利实施。郭明亮（2018），认为"五大振兴"之间各有侧重，又密不可分。产业振兴是前提条件，人才振兴是智力支持，文化振兴是向心灵魂，生态振兴是外部保障，组织振兴是制度核心。每一项和其他之间既包含目的，又互为方法。只有充分把握它们的联系，统筹兼顾，才能将战略执行到位，取得实效。[②] 滕常勇、李朋（2020）研究认为，以组织振兴推动乡村振兴是实施乡

[①] 姜晓萍. 乡村振兴中组织振兴何以有效 [J]. 乡村振兴, 2021（11）: 42-44.
[②] 郭明亮. 新时代实施乡村振兴战略研究 [J]. 现代交际, 2018（15）: 238-239.

村振兴战略的必由之路。① 从乡村内生性发展需要来看，近年来我国各地农村发展的实践证明，组织要素的瓦解、匮乏会导致乡村"不振兴"。特别是在无组织的乡村、失去"统一经营"的乡村，其所拥有的资金、技术、劳动力、人才等要素都不可能全面展现其积极的力量和前景。因此，郭元凯等（2020）提出，组织作为一种制度化明显、结构性突出、各种要素相互联系的社会系统，只有组织振兴了，才能将外部的"输血"资源转换为乡村发展的各类要素，才能形成推动乡村振兴的内在动力。

习近平总书记指出："要推动乡村组织振兴，打造千千万万个坚强的农村基层党组织，培养千千万万名优秀的农村基层党组织书记，深化村民自治实践，发展农民合作经济组织，建立健全党委领导、政府负责、社会协同、公众参与、法治保障的现代乡村社会治理体制，确保乡村社会充满活力、安定有序。"②

乡村组织振兴，必须培养造就一批坚强的农村基层党组织和优秀的农村基层党组织书记，同时深化村民自治实践，促进农民合作经济组织的发展，建立健全党委领导、政府负责、社会协同、公众参与、法治保障的现代乡村治理体制。通过自治、法治和德治的有机结合，走乡村善治之路，确保乡村社会充满活力、安定有序。从《乡村振兴战略规划（2018—2022年）》中"健全现代乡村治理体系"部分可知，组织振兴涉及三个层面：一是加强农村基层党组织对乡村振兴的全面领导，二是促进自治、法治、德治有机结合，三是夯实基层政权。③

---

① 滕常勇，李朋. 以组织振兴推动乡村全面振兴的问题与对策探究［J］. 农村经济与科技，2020，31（8）：225-226.
② 中央农村工作领导小组办公室. 习近平关于"三农"工作的重要论述学习读本［M］. 北京：人民出版社，2023.
③ 姜晓萍. 乡村振兴中组织振兴何以有效［J］. 乡村振兴，2021（11）：42-44.

三、组织振兴在乡村振兴战略中的定位

（一）组织振兴是乡村振兴的基础保障

乡村振兴战略是新时代解决我国农业农村发展不充分不平衡的重大战略之一。要确保乡村振兴战略有序推进，乡村组织振兴起着重要的基础保障作用。乡村振兴战略贯彻落实，离不开基层党组织的坚强领导，离不开政府部门的制度设计，离不开社会组织的协同治理，离不开村民自治组织中公民的积极参与。组织振兴是乡村振兴的保障条件，组织振兴是关系乡村振兴战略的核心一环，直接决定了战略的顺利实施。作为农村基层必须补齐短板，实现组织振兴。建立现代乡村治理体系，充分发挥各种组织在乡村治理中的作用，实现自治、法治、德治"三治"融合治理，逐步实现乡村治理现代化，才能有效保障乡村振兴战略实施。乡村要振兴，组织振兴是关键；乡村要发展，建强组织是基础。在乡村各类组织中，农村基层党组织因贴近人民群众、贴近社会生活的自然优势，能够通过保障和改善民生，实现党心凝聚、党群同心，为乡村振兴提供坚实的组织保障。[①] 只有切实抓好以基层党组织为核心的乡村各类组织建设，才能充分发挥党组织的影响力、战斗力和凝聚力，巩固党在乡村振兴中的群众基础，彰显党的核心领导作用。[②]

（二）组织振兴是乡村振兴的重要内容

组织振兴是乡村振兴的重要内容和实现乡村振兴的具体路径之一。聚焦农村基层党组织，在夯实基层基础中推进组织振兴。党章明确规定："街道、乡、镇党的基层委员会和村、社区党组织，领导本地区的工作。"发挥农村基层党组织在乡村振兴中的领导核心作用，是坚持党

[①] 姜晓萍. 乡村振兴中组织振兴何以有效 [J]. 乡村振兴，2021（11）：42-44.
[②] 姜晓萍. 乡村振兴中组织振兴何以有效 [J]. 乡村振兴，2021（11）：42-44.

在农村领导地位的内在要求。聚焦农村专业合作经济组织，在增强内生动力中推进组织振兴。组建农村专业合作经济组织是农村生产方式组织化的有效途径。实践证明，它是保护农民合法经济利益，解决小生产与大市场矛盾，实现农业现代化的有效组织形式。聚焦社会组织，在培育文明乡风中推进组织振兴社会组织是农村民主管理的组织基础。党的十九大报告指出，要推动社会治理重心向基层下移，发挥社会组织作用，实现政府治理和社会调节、居民自治良性互动。聚焦村民自治组织，在创新乡村治理中推进组织振兴村民委员会，作为村民自我管理、自我教育、自我服务的基层群众性自治组织。实现乡村治理现代化，关键在于构建自治、法治、德治"三治结合"的现代乡村治理体系，真正让农村社会充满活力、和谐有序。[①]

（三）组织振兴是乡村振兴的现实需求

2018年，《中共中央国务院关于实施乡村振兴战略的意见》提出，突出政治功能，扎实推进抓党建促乡村振兴。提升组织力量，推进乡村振兴，将农村基层组织打造成坚强的堡垒。当前，乡村在推进组织振兴方面仍存在一些短板，亟待加强和改进。首先，部分乡村党组织的领导者在责任意识和能力水平方面存在不足，导致党员发展管理质量水平较低，农村基层党组织运行低效。其次，村委会自治功能异化，尽管村委会是一种群众自治性组织，但其职能的发挥更倾向于行政组织，自治的"应然"角色与行政的"实然"角色之间的差异反映了其自治功能的异化。再次，集体经济组织定位虚化。在一些村庄中，集体经济的收入来源相对单一，除了土地资源外，其组织结构和内部管理活动的规范性也存在着不适应性。最后，社会组织发展滞后化。由于缺乏专业化服务组

[①] 殷梅英. 以组织振兴为基础推进乡村全面振兴[J]. 中国党政干部论坛，2018 (5)：86-88.

织，一些村庄无法满足村民日益增长的多元化、个性化、专业化的公共服务需求，从而导致服务质量下降。为适应执政环境的变化和巩固党的执政根基，必须通过组织振兴来推动乡村振兴。党对乡村振兴战略的高度重视与积极引导，为推进乡村组织振兴提供了重要保障和有力支撑。只有在全面领导乡村振兴的过程中，党才能发挥思想铸魂、组织聚力、底部筑基的重要作用。①

（四）组织振兴是乡村治理体系和治理能力现代化的基础

党的十九届四中全会系统总结和深刻阐述了我国国家制度和国家治理体系的显著优势，提出推进国家治理体系和治理能力现代化。治理有效是乡村振兴的基础。2019年6月，中共中央办公厅、国务院办公厅印发了《关于加强和改进乡村治理的指导意见》，明确了乡村治理现代化的阶段目标和总体目标。意见指出，到2020年，现代乡村治理的制度框架和政策体系基本形成；到2035年，乡村治理体系和治理能力基本实现现代化。我国乡村治理制度和治理体系的目标是建立健全党委领导、政府负责、社会协同、公众参与、法治保障、科技支撑的现代乡村社会治理体制，健全党组织领导的自治、法治、德治相结合的乡村治理体系，构建共建共治共享的社会治理格局，走中国特色社会主义乡村善治之路。乡村治理是国家治理的基础，乡村治理现代化既是夯实乡村振兴的根基，也关系到国家治理现代化总目标的实现。

乡村治理现代化是指由传统乡村社会向现代乡村社会发展过程中，实现现代乡村治理目标的国家基层和乡村制度体系以及制度执行能力。乡村治理体系现代化和乡村治理能力现代化二者密切联系，相互影响。只有建立完善的乡村治理体系才能进一步提升乡村治理能力，乡村治理能力提升才能充分发挥乡村治理体系的效能，推动乡村治理体系不断健

---

① 姜晓萍.乡村振兴中组织振兴何以有效［J］.乡村振兴，2021（11）：42-44.

全、完善。从历史进化的视角看，乡村治理现代化是破除城乡二元治理结构，建立健全城乡一体化治理体制和城乡融合发展体制机制的过程。

2019年11月，党的十九届四中全会《中共中央关于坚持和完善中国特色社会主义制度 推进国家治理体系和治理能力现代化若干重大问题的决定》再一次明确提出了乡村治理现代化的目标，该决定指出，要完善群众参与基层社会治理的制度化渠道。推动社会治理和服务重心向基层下移，把更多资源下沉到基层，更好地提供精准化、精细化服务等基层社会治理制度和治理体制机制，着力构建基层社会治理新格局。所以说，组织振兴是实施乡村振兴战略的组织保证，是乡村治理体系和治理能力现代化的基础。

第二章

厚植根基：夯实乡村基层党组织堡垒

乡村基层党组织自身建设水平是衡量乡村组织振兴的内在尺度。党的十九大报告指出，要以提升组织力为重点，突出政治功能，把基层党组织建设成为有效实现党的领导的坚强战斗堡垒。只有自觉地以基层党组织建设为主线，培养锻炼干部、增强干部的斗争精神和治理能力，才能使广大党员干部跟上时代发展步伐，夯实组织基础、增强发展动能，以基层党组织战斗力、凝聚力、创造力的提升为乡村振兴的发展注入持久力量。

第一节 乡村基层党组织建设的时代意义

十八大以来，党中央高度重视乡村基层党组织建设，中共中央办公厅印发了《中国共产党支部工作条例（试行）》《中国共产党农村基层组织工作条例》等制度文件。习近平总书记对全面从严治党做出了一系列重要论述，在党的二十大报告中提出了"坚定不移全面从严治党，深入推进新时代党的建设新的伟大工程"[1]。乡村基层党组织作为党领导农村工作的基层组织机构，是强化中国共产党自身建设的坚强堡垒，是推动乡村振兴战略的领导者和实施者。加强乡村基层党组织建设是保

---

[1] 习近平．高举中国特色社会主义伟大旗帜，为全面建设社会主义现代化国家而团结奋斗：在中国共产党第二十次全国代表大会上的报告［N］．新华社，2022-10-25．

持党的先进性、巩固党的执政地位、提升党的执政能力的重要保障。当前，我国正处在实现中华民族伟大复兴梦与中国特色社会主义新时代双重历史交汇期，随着经济社会不断发展，农村社会结构不断变化，加强乡村基层党组织建设越来越成为新时代党管理农村工作的迫切需要和必须遵循的基本原则之一，越来越成为巩固党在农村执政基础的必然要求，也越来越成为实施乡村振兴战略、全面推进"三农"工作、加快农业农村现代化进程的重要保障。在实现"两个一百年"奋斗目标、实现中华民族伟大复兴中国梦的伟大征程中，我们要深刻把握乡村基层党组织建设取得新成效、新进展的重要意义，推动党和国家事业不断向前发展。

一、乡村基层党组织建设是巩固党执政地位的重要基础

基层党组织是党在农村工作的基础，是落实党的路线方针政策、巩固党的执政地位的最基层组织，直接关系到农村社会能否和谐稳定。基层党组织建设是保持农村社会和谐稳定、促进国民经济发展的重要保证。乡村基层党组织建设与保持党在农村的执政地位息息相关，是巩固党在农村执政基础所必须关注和重视的问题。加强乡村基层党组织建设可以使乡村党组织成为密切联系群众、领导群众发展经济和维护社会稳定的坚强战斗堡垒，保持并巩固党在农村的执政地位。

近几年，乡村基层党组织的建设工作成绩斐然，以党支部为核心组建了一支团结统一、坚强有力、对农村工作有战斗力的组织体系。通过不断加强基层党组织领导班子和干部队伍建设，塑造了一支高素质、高水平的党员队伍；秉持与时俱进、开拓创新的精神，形成了一套行之有效的工作机制，确保了农村基层党组织的健康发展。在此基础上，我们必须继续将全面从严治党深入到广大群众的生活中，巩固党在农村的执政地位。当前，坚持全面从严治党已成为引领农村发展和社会变革的迫切需求，因此必须以严的要求、严的举措来强化其整体功能，弥补短板。乡村基层党组织是中国共产党在乡村的执政根基，担负着联系群众、动员群众、组织群众、发展乡村的重要任务，在乡村治理中扮演着重要的"桥梁"与"枢纽"角色。要加强乡村党建工作，必须把党的建设做到"筋强骨壮"，把党在乡村中的领导作用进一步加强。

新时期，加强乡村基层党组织的建设，增强其政治素质，是实现乡村振兴战略的内在要求和组织保障。基层党组织必须担负起应有的责任，从学习党章、学习习近平总书记系列讲话做起，从提升党员队伍综合素质做起，夯实基础，切实把党的基层组织建设成为"全面实施乡村振兴战略，促进农业全面升级、农村全面进步、农民全面发展，加快农业农村现代化，全面建设社会主义现代化国家"①的坚强战斗堡垒。

二、乡村基层党组织建设是实现乡村振兴战略的重要保障

加强乡村基层党组织建设，为实现乡村振兴战略提供政治保障。乡村基层党建工作是一项打基础强基业的工作，对推动乡村振兴营造良好政治文化生态，加强和改进党对农村工作的领导，密切党同人民群众的血肉联系，夯实党的执政基础具有重要意义。乡村振兴战略作为新时代解决"三农"问题的新理念，如果在实践中没有好的政治建设为其"架桥铺路"的话，很可能引发一连串的震动。②基层党组织应当承担起传达和贯彻党中央有关乡村振兴方针政策以及落实乡村振兴战略的责任。这就要求我们必须把党对农村工作的领导落实到基层组织中去。随着我国"十四五"发展总体规划的全面启动和第二个百年奋斗目标的

---

① 来自《中华人民共和国乡村振兴促进法》第1条，由全国人大常委会于2021年4月29日发布，于2021年6月1日施行。

② 王瑞东. 乡村振兴战略背景下农村基层党组织建设研究［D］. 济南：齐鲁工业大学，2021：23.

全面实现，基层党组织已成为推进乡村振兴战略实施的"桥头堡"，因此加强基层党组织的建设是实现乡村振兴的关键所在。基层党组织具有鲜明的政治属性，它在不同的基层组织中发挥着重要的引领作用，直接影响党在乡村的威信和农村群众对党的信任与认同，我们必须把党对农村工作的领导落实到基层组织中去。只有加强乡村党建工作，强化基层党组织的政治功能，才能切实发挥好党组织的政治引领作用，从而实现乡村振兴战略顶层设计的落地生根。[①] 要坚持以党建的引领，以更高的标准、更大的力度、更实的措施抓党建，在巩固拓展脱贫成效的同时，进一步推进乡村振兴，在加快农业农村现代化建设过程中展现新作为、新担当，把党中央提出的重大任务转化为基层的具体任务，抓牢、抓实、抓出成效。在党对乡村公共文化体系高度重视的背景下，乡村基层党组织积极响应党中央的顶层设计，及时对落后的思想观念和生产生活方式进行优化，倡导移风易俗、科学发展，以新时代新的政治文化氛围感染着农民群众。而在新的社会环境下，通过加强乡村基层党组织建设，使乡村的政治文化生态有源源不断的动力支撑，农民的生产和生活也将以新的社会结构为基础。通过新的文化秩序和文化生态，使乡村中的社会关系得以重塑，农民的政治认同感提升，从而使群众在党领导的乡村振兴战略实施过程中有深深的归属感、责任感、认同感和幸福感，激发其主观能动性，将广大基层党员和群众的思想、行动、力量和智慧凝聚起来，把乡村中各类要素资源整合形成"振兴"合力。

加强乡村基层党组织建设，为实现乡村振兴战略提供经济保障。中国共产党在乡村经济发展中扮演着不可或缺的领导角色，肩负着引领经济发展的重要使命。在新时代，要把党的政治优势转化为推动乡村产业兴旺、生态宜居、乡风文明、治理高效的强大动力，就必须充分发挥好

---

① 王瑞东.乡村振兴战略背景下农村基层党组织建设研究［D］.济南：齐鲁工业大学，2021：24.

基层党建引领作用。党和国家赋予基层党组织的重大责任和历史使命在于发挥引领乡村经济的功能,因此,加强基层党组织的建设是推动农村经济发展,提升农村集体经济实力的重要途径。当前农村基层组织存在着一些问题,影响了农村集体经济的健康有序发展。只有在乡村基层党组织充分发挥其引领作用的情况下,农村集体经济才能得到有效的发展和壮大。通过强化农村党建,加强基层党组织对农村集体经济发展的引领作用,并将集体经济发展壮大作为党在乡村发挥战斗堡垒作用的有力抓手,激发农村党员干部自觉引领农民群众发展乡村经济的使命感。此外,还需提升村级党支部在促进集体经济发展中的主导地位,以推动农村集体经济健康有序发展。

加强乡村基层党组织建设,为实现乡村振兴战略提供组织保障。乡村振兴战略旨在通过相关政策的落实来建设产业兴旺、生活富裕、乡风文明、生态宜居、治理有效的新农村,然而,对于地处相对偏远地区的农民而言,由于信息不对称的存在,他们未能全面系统地了解相关政策和落实举措,也未能将个人发展与乡村振兴战略有效结合。在当前的新形势下,我们应着力提升农村基层党组织的群众组织力,巩固基层党组织建设工作,为乡村振兴打下坚实的组织基础。基层是党和政府联系群众最直接的渠道,也是践行党的群众路线教育实践活动的重要阵地。一要加强基层干部队伍建设,增强群众工作能力。广大农村基层党组织应当充分深入到群众中去,积极融入群众生活,时刻保持党与人民群众的紧密联系,要扎根群众、有效发动群众,最大限度凝聚起广大农民群众的力量,激发农民群众对乡村振兴战略目标的向往,引导和动员广大农民群众积极投身乡村振兴的实践中去。二要培养乡村基层党组织的务实作风。要自觉地将乡村建设纳入社会发展和人民生活中去,善于处理好农民的切身利益问题,始终关注他们是否高兴、是否满意、是否同意,把所有工作都放在最能符合农民的实际需求和切身利益上,培育农村基层党组织的实干精神。三要提升乡村基层党组织的服务水平。农村基层党组织要根据新时期广大农民群众需求的变化和乡村振兴战略的具体要求，主动听取农民群众的呼声，注意体察农村生产生活方面存在的各类难题，做好普惠性、基础性、兜底性民生建设，全面提升在农业生产、市场经营、文体娱乐、留守人员照料、社会心理服务、乡村环境改善等方面的服务能力和服务质量，满足人民群众多样化的民生需求，切实提升广大农民群众在乡村振兴中的获得感、幸福感和安全感，进而增强广大农民群众对党的理解、信任和支持。

三、乡村基层党组织建设是提升基层治理能力的有效途径

乡村治理现代化是国家治理体系和治理能力现代化的有机组成部分，是有效推进乡村振兴、解决"三农"问题的基础保障。乡村振兴的实现要求必须建立一个和谐稳定的社会环境，这就要求乡村必须具备完善的治理体系和卓越的治理能力，确保人民安居乐业、社会安定。随着乡村社会的不断进步，乡村振兴战略对乡村社会治理的要求已经超越了单纯的经济发展和人居环境改善，而是更加强调对乡村社会的善治，以解决新时代乡村社会的主要矛盾，推动城乡一体化建设和全面发展。

在乡村治理中，乡村基层党组织扮演着至关重要的角色，是引领各类组织和乡村发展的核心力量。只有将基层党建工作与基层治理工作有机融合，才能为乡村的发展注入新的活力，让广大老百姓享受到更加幸福的生活。因此，做好乡村基层党组织建设对全面深化改革具有重要意义。乡村事业的发展和基层治理的推进，都离不开乡村基层党组织的领导核心力量，他们肩负着解决乡村社会矛盾、维护乡村公平正义、促进乡村和谐发展的重要使命。当前，我国正处在全面深化改革阶段，农村经济社会发生了巨大变革，乡村治理面临许多新情况、新问题。加强乡村基层党组织的领导，不断提高基层治理效能，是推进乡村基层治理的

关键所在。首先，以加强组织能力为着眼点，着力推进乡村基层党组织的规范化、标准化、制度化建设，培养一批杰出的党员干部，从而使其源源不断地转化为乡村治理的能手，更好地促进乡村治理的发展。其次，在深刻理解和掌握当代乡村社会特点的基础上，最大限度地发挥基层党组织在乡村社会治理中的作用，将党建的力量转化为治理效率，以弥补当前的薄弱环节。最后，强化乡村基层党组织建设，把广大农民的力量凝聚起来。基层党组织以领导者、服务者和协调者的协同作用，积极化解乡村社会矛盾，维护农民的合法权益，通过切实有效的服务群众工作，激发农民群众参与乡村治理的热情。在乡村建设中，以优秀的党组织为领导，不断提升乡村社会治理的能力，创造一个稳定、和谐、有序的乡村社会，为乡村发展打下坚实的基础。

四、乡村基层党组织建设是实现农业农村现代化的现实需求

习近平总书记在党的十九大报告中首次提出了农业农村现代化的概念，这一创新性提法不仅传承并发展了我国推进现代化的总体布局思路，而且丰富和扩展了"五个现代化"的科学内涵，更加符合新时代的特点和建设社会主义现代化强国的要求。[①] 农村现代化是包括农村产业现代化、农村生态现代化、农村文化现代化、乡村治理现代化和农民生活现代化"五位一体"的有机整体。而乡村治理现代化是国家治理体系和治理能力现代化的重要组成部分，乡村基层党组织在农村实现有效治理，是实现农村产业现代化、生态现代化、文化现代化、生活现代化的重要保证。习近平总书记强调："任何时候都不能忽视农业、不能忘记农民、不能淡漠农村；中国要强，农业必须强；中国要美，农村必

---

① 魏后凯. 深刻把握农业农村现代化的科学内涵[J]. 农村工作通讯，2019（2）：1.

须美；中国要富，农民必须富。"① 这些美好前景的实现依靠乡村基层党组织的执政能力，依靠党支部战斗堡垒作用和党员先锋模范作用的发挥。加强乡村基层党组织建设是实现农业高质高效、农村宜居宜业、农民富裕富足的根本保证。

当前我国广大农村仍未实现普遍富裕，农业也没有达到现代化，农民生活水平亟待提高，"三农"问题在我国还没有彻底解决。因此，为了实现农业农村现代化目标，建设社会主义现代化强国，必须致力于消除我国农村欠发达的现状，同时加强对乡村基层党组织的有效治理，将国家治理体系和治理能力现代化的内在要求与农村基层治理有机融合。② 新形势下加强乡村基层党组织建设和加强党的领导，是适应新的形势要求、顺应时代发展潮流和人民群众对美好生活向往的迫切需要，是贯彻落实科学发展观、构建社会主义和谐社会、推进农业农村现代化的必然要求。

第二节　乡村基层党组织建设现状

建党以来，乡村基层党组织的建设经历了从无到有、从小到大、从弱到强的发展历程。新民主主义革命时期，乡村基层党组织实现从创立到迅速发展，在其领导下开展土地革命，使一盘散沙的中国农民团结起来成为一股强大的力量，有力支撑了革命胜利。在社会主义革命和建设阶段，乡村基层党组织的建设得到进一步发展和巩固。在改革开放和社会主义现代化建设新时期，乡村基层党组织制度建设进一步调整和完

---

① 中国要强，农业必须强 [EB/OL]. 中国政府网，2017-12-19.
② 赖秀清，郭雄志. 基层党组织实现乡村有效治理的优化路径：基于福建省永安市小陶镇五一村的调查研究 [J]. 农村·农业·农民（B版），2022（7）：34.

善，从按生产大队设置改为按行政村设置，组织领导农民群众，大幅提升农业综合生产能力，有力推动了新农村建设。党的十八大以来，作为党联系广大农民群众的纽带，乡村基层党组织建设不断强化和提升，乡村基层党组织在全面推进乡村振兴中发挥出了战斗堡垒作用，在贯彻落实中央决策部署、推动乡村振兴、促进农村经济发展等方面取得了巨大成就、积累了重要经验。

一、政治功能逐步强化

政治功能是政党组织区别于其他组织的根本标志。中国特色社会主义最本质的特征是中国共产党的领导，中国共产党"政治功能"的内涵"是党对国家和社会的全方位领导，可集中概括为政治领导、组织领导和思想领导"[①]。乡村基层党组织政治功能是党为实现自身的政治目的，在乡村社会的政治架构（政党—国家—乡村—村民）中所发挥的全方位的领导。随着农村改革的不断深化，党对"三农"工作的集中统一领导也在逐渐加强和改善。在全面从严治党责任的推动下，乡村基层党组织巩固了领导地位。同时，农村基层党员干部队伍建设得到不断加强，党员素质有了新提升，基层组织作用发挥得更加突出，特别是在脱贫攻坚、疫情防控、抢险救灾等方面发挥了"战斗堡垒"的作用，取得了显著的成效，为农村发展提供了坚实的保障。在乡村治理中，党员干部发挥着领导核心的地位和先锋模范的作用。广大的基层党组织能够以党建为核心，不断创新，不断提高自身的领导能力。一大批先进单位、先进个人从各个领域脱颖而出，在党内营造了学先进、赶先进、做贡献、当表率的良好风气。

[①] 王海荣，闫辰. 突出政治功能：新时代基层党组织建设的内在要求[J]. 理论导刊，2018（8）：48.

二、服务发展日益规范

乡村基层党组织能够全面贯彻落实"三会一课"、民主评议党员、主题党日等各项制度工作,党内组织和服务发展进一步规范,以"党建+网格"为抓手,实现组织架构在网格、力量充实在网格、问题解决在网格,释放出"小网格"的"大能量"。乡村两级发展党员严格按照"四制",即发展党员票决制、公示制、审查制、责任追究制,从制度上完善了入党程序。扎实开展"基层党建带团建"活动,坚持做好共青团推荐优秀团员做党的发展对象的工作。乡村基层党组织经费保障稳定,进一步增强了凝聚服务群众的力量。村级党组织充分发挥组织效能,因地制宜,不断探索和健全农村利益联结机制,拓宽了农户增收渠道,提高了农户增收水平。

三、基层治理逐步深化

乡村基层党组织不断加强问题导向,以改进组织建设、人才培养、基础保障、党建引领和工作方式为重点,推动工作方式的转变。同时,不断完善"四议两公开"、村务监督、基层民主协商等制度机制。在推进脱贫攻坚、乡村振兴、农村改革、乡村建设、产业发展等重要任务的过程中,通过强化党组织对各种组织的统一领导,将党员群众组织有机结合起来,不断将党的组织优势转化为农村经济社会发展的动力,进一步提升乡村治理效能。

四、统筹规划科学推进

近年来,乡村基层党组织通过文化站、政策宣讲、文化下乡、美丽乡村建设等多种形式,将党的创新思想融入基层党员和群众。在积极倡导和践行社会主义核心价值观的基础上，乡村基层党组织向广大农民群众普及党的政策理论和文化文明新风，大力促进了党的创新理论在乡村基层组织中扎根。在提升农村基层党建质量方面，以加强农村党支部标准化规范化建设为核心，注重从政策体系、制度机制、方法路径等多个方面进行全面谋划和系统设计，以整乡推进、整县提升为目标，不断推动农村基层党组织全面进步和发展。

五、责任保障更加有力

乡村基层党建备受各级党委书记的重视和支持，许多地方把党建工作作为"书记项目"和"一号工程"，这是新形势下加强和改进党建的重要举措。在农村地区，基层党组织以财政投入为主，建立了稳定的村级组织运转经费保障制度，鼓励人们向基层走、向基层投入资金、向基层倾斜政策，从而增强了基层党组织凝聚服务群众的能力，进一步加强了党与人民群众的血肉联系，提升了乡村治理水平，促进了共同富裕目标的实现。

第三节　乡村基层党组织建设实践路径

在乡村振兴背景下，抓基层、打基础具有极其重要的意义，乡村基层党组织建设是一项长期而艰巨的任务，必须结合当前农村经济发展和社会发展形势，将乡村基层党组织的政治建设放在首位，厚积党建实力，赋能乡村发展，加强农村党员干部队伍建设，壮大农村集体经济实力，为全面推进乡村振兴提供坚强的组织保障。

一、强化政治建设，突出领导核心引领作用

党的政治建设就是"坚定政治信仰，强化政治领导，提高政治能力，净化政治生态，实现全党团结统一、行动一致"。在当前乡村振兴背景下，农村基层党组织加强政治建设，要积极将党中央关于党组织政治功能的要求与乡村振兴总要求结合起来，筑牢乡村振兴的政治基础、思想基础和组织基础，在解决三农问题、维护群众利益中统筹推进党的政治建设。以政治建设保证前进方向，稳步推进乡村振兴。

（一）强化政治领导，树立政治权威

"加强党的政治建设，必须坚持和加强党的全面领导。"[1] 加强乡村基层党组织对各类村级组织和各项村级事务的政治领导，是深入实施乡村振兴战略、加强党对"三农"工作领导的重要一环。[2] 乡村基层党组织应当担负起真正的政治领导责任，协调好与村委会和其他社会组织之间的关系，以确保乡村振兴的顺利进行。

为完善当前农村的法律法规，立法机关应在法律文本中对村"两委"的职责权限进行明确规定，规范"两委"的各项工作，优化"两委"关系，明确班子职能分工。同时也要加强对村民代表会议和村委会换届选举等方面的民主监督，以确保村级权力的运作在公开透明的前提下得以实现。为了确保村民委员会在党的领导下发挥自治和行政管理职能，必须赋予其完全自治权，并加强其在党组织中的领导核心作用。通过完善相关制度建设，保障其有效行使权力。加强对村级组织的监管和引导，以确保"两委"权力的运作在公开透明的前提下进行。通过建立完善的监督机制来约束村干部行为。为了解决村"两委"权力斗

---

[1] 中共中央关于加强党的政治建设的意见［N］．人民日报，2019-02-28（1）．
[2] 王瑞东．乡村振兴战略背景下农村基层党组织建设研究［D］．济南：齐鲁工业大学，2021：40．

争、互相推诿的问题,上级政府应设计一套科学的"两委"运行机制,并采取多种措施积极推动村两委主要负责人"一肩挑",以实现两委的融合共存。对村委权力的监督和制约,可以通过基层群众代表大会得到有效实现。通过建立村民代表会议制度,规范村民委员会议事程序和决策规则,增强民主集中制原则的执行力。

随着乡村振兴的全面推进,农民合作社、宗亲理事会、公益慈善和生产技术类社会组织日益增多,这些社会组织在推进基层民主和法治进程中扮演着至关重要的角色,同时也是挑战党组织权威、损害农民群众利益的社会力量。因此,在激活各类社会组织的活跃度的同时,农村基层党组织应积极完善农村民主协商制度,汇聚各类组织的力量,调动多方主体参与民主协商治理,以"以合促和"的领导方式在农村中重新树立政治权威,从而实现对各类社会组织的有效领导。在农村基层党组织的建设中,应当积极探索并创新党组织的组织形式,以适应时代发展的需求。基于不同社会组织类型的特征和发展需求,制定基层组织设置的基本原则。充分发挥党在社会主义新农村建设过程中的领导核心地位。在确保农村基层党组织的政治属性得到充分保障的前提下,探索各种社会组织设立党支部的模式。充分发挥党与社会组织之间的协同关系。在社会组织运行管理的多个层面内嵌党的领导,发挥意识形态引领作用,对其进行政治性和方向性的引导,以实现党组织对乡村的全面覆盖,同时确保农村政治方向不偏离,促进基层党组织牵头,组织联动合作,共建共享资源。

(二)牢固政治思想,净化政治生态

加强政治建设,要求我们牢固树立共产主义远大理想和中国特色社会主义共同理想,挺起共产党人的精神脊梁,坚决杜绝不信马列信鬼神、不信真理信金钱,坚决反对各种歪曲、篡改、否定马克思主义的错误思想。注重以习近平新时代中国特色社会主义思想武装农村基层党员干部，在乡村振兴攻坚克难中始终做到思想过硬、政治过硬。我们要营造的党内政治生态是风清气正的政治生态。

1. 坚定政治信仰

新时代，农村党支部必须承担起坚定农村党员干部政治理想信念的重任，具体而言：一是农村党员干部要牢固树立共产主义远大理想和中国特色社会主义共同理想，要让农村党员干部明白实现乡村振兴战略和中国共产党人的理想信念是高度契合的，两者并没有根本性的冲突。二是农村党员干部应当以身作则，深入学习理论知识，坚定自己的信仰。要坚持用科学理论指导实践，用正确立场指导行动。同时要实施农村党员干部理想信念宗旨教育计划，致力于培养具备坚定共产主义信仰和高度马克思主义理论素养的农村党员干部队伍，为乡村振兴提供可靠、可信的人才支撑。

2. 严肃政治生活

习近平总书记提出，严肃党内政治生活是全面从严治党的基础。党要管党，首先要从党内政治生活管起；从严治党，首先要从党内政治生活严起。农村基层党组织应把严肃党内政治生活作为推进全面从严治党、充分发挥基层党组织政治功能和战斗堡垒作用的基础性工作来抓，切实推进全面从严治党从基层严起。从"三会一课""主题党日"等组织生活制度落实的范畴、要点等方面做出详细要求，全面解决各党支部组织生活会召开不合规定、"三会一课"记录不规范等问题。以开展年度党务知识培训为契机，将组织生活制度执行纳入必学必修内容，帮助基层党务干部增强对党组织组织生活制度执行相关知识的认知和掌握。对基层党组织组织生活制度执行情况的督促检查采取线上督导和实地抽查相结合的方式来开展。将基层党组织组织生活制度落实情况纳入党建考核重点内容，压紧、压实各基层党委（党工委）及各基层党组织书记、驻村第一书记抓基层党建责任，推动形成全面从严工作态势。

3. 加强党性修养

乡村的振兴和发展离不开农村基层党组织的组织和引领作用，而要更好地发挥农村基层党组织的组织和引领作用，又依赖于加强农村基层党员干部的党性修养。理论学习是加强农村基层党员干部党性修养的重要途径。只有加强理论学习，才能提高党性修养以及基层党员干部的综合素质，才能更好地指导实践。作为农村基层党员干部，要时刻注意着眼于加强党性修养，真正把学习当成一种自觉习惯、一种精神追求，不断增强学习和锤炼党性的自觉性和主动性。新时期党的干部必须是德才兼备，以德为先。作为党员干部要加强自己的道德修养，自觉抵御改革开放经济大潮中的种种诱惑，正确处理好个人与党组织、个人与人民群众、个人与集体的关系。要把最广大人民群众的根本利益，作为一切工作的出发点和落脚点，牢固树立全心全意为人民服务的宗旨，把群众的利益摆在第一位。作风建设是党性强弱的外在表现。作为农村的党员干部，要加强作风修养，说实话、办实事，不图虚名，不做表面文章。要理论联系实际，密切联系群众，增进同群众的感情，在实际工作中，始终真正深入群众了解实际情况，关心群众的冷暖疾苦，真心地服务群众，为百姓排忧解难，与群众在思想上融为一体。自觉接受群众监督，也是农村基层党员干部加强党性修养的重要途径。作为农村基层党员干部，要牢记党的根本宗旨、践行党的群众路线，让群众对基层党员干部的工作进行监督，提出批评和建议，党员干部要认真听取群众的意见和建议，虚心接受群众的批评和监督，从而改善作风，提升为人民服务的能力。

（三）提高政治能力，激活内生动力

在2020年中央党校（国家行政学院）中青年干部培训班开班式上，习近平总书记强调年轻干部在解决实际问题时应具备"七种能力"，其中政治能力是放在第一位的。提升农村基层工作的政治素养，

需要农村党员干部具备高度的政治敏感力和鉴别力，善于从政治角度分析和解决问题，培养出敏锐的"政治洞察力"，只有这样才能洞察问题的本质，找到问题的根源并妥善解决。

1. 将党的政治建设与乡村经济发展相融合

农村基层党组织必须坚决贯彻党中央推进农村改革发展的决策部署，从政治高度看待经济发展。加强对乡村经济建设和管理的领导，把"三农"问题作为全党工作的重中之重来抓，以中国特色社会主义政治经济学为理论指导，结合乡村资源禀赋，全面深化农村改革，激发乡村经济内生发展动力。在乡村经济建设工作中，注重从基层实际出发做好乡村振兴规划，不断提升乡村治理能力。注重突出专业性和政治性，推动实体经济和科技创新等领域的发展，使乡村经济产业发展符合政治要求，同时农民也能够获得实实在在的利益，享受乡村振兴带来的巨大红利，实现乡村经济社会可持续发展。

2. 将党的政治建设与文明乡风相结合

当前农村基层组织政治生态整体上呈现良性发展态势，但在个别地方还是出现了恶化迹象。部分党员干部集体观念薄弱、小农思想严重，往往为了个人和家族利益滥用职权、滋生腐败，对当地的政治生态造成污染。深究其原因，既有部分农村仍存在封建腐朽文化侵蚀党内政治生活，又有极少数农村基层党组织缺乏政治生态建设。这些都是当前影响农村基层党组织建设健康发展的重要因素。为此，农村基层党组织应当以"内外兼修"的方式，练好内功和外功。一方面要改善农村社会环境。农村基层党组织应当秉持弘扬社会主义先进文化的信念，以文娱活动、理论宣讲等广受群众欢迎的方式，推进社会主义核心价值观教育，培育具有通俗易懂、接地气的"墙头文化"，转变落后的思想观念，积极倡导移风易俗，自觉摒弃陈规陋习，注重对农民进行普法教育，清除歪风邪气，推动农村社会风气实现根本性的转变。另一方面要发展积极健康的党内政治文化。农村基层党组织必须注重培育积极向上、健康有序的氛围，要把加强党内政治文化建设作为一项基础性工作来抓，净化党内政治生态。通过开展丰富多彩的党员主题党日和组织生活会、组织观看革命历史影片、举办党史专题培训班以及开展形式多样的党建知识竞赛活动，不断增强党员干部党性观念、党员意识、服务意识和责任意识。通过将农村基层党组织政治文化的培养与党员队伍素质的提高相融合，整顿党员队伍的作风，加强党员队伍的先进性和纯洁性建设，积极开展党性教育活动，以教育培养基层党员干部为目标。加强农村思想理论武装工作，不断提升广大党员群众的思想境界，夯实理想信念基础。为全面实施乡村振兴战略提供坚实的政治支撑，营造一个政治生态良好、文化内涵深厚、风清气正的政治环境。

二、厚积党建实力，提升农村基层治理能力

习近平总书记强调："'十四五'时期，要在加强基层基础工作、提高基层治理能力上下更大功夫。"[①] 基层治理是国家治理的重要组成部分，是服务群众的最前沿。农村基层治理必须坚持党建引领，着力推进基层治理体系和治理能力现代化，不断提升群众的获得感、幸福感、安全感。

（一）提升经济引领能力

经济发展有活力，民生底色才厚实。基层党组织领导能力的高低直接影响乡村经济的发展质量。实践证明，党建工作做得比较好的村庄其经济发展也较好。

1. 完善产业链条，推动乡村产业发展

产业兴旺是乡村现代社会健康持续发展的保障，发展壮大乡村经济

---

① 石艳芳. 不断提高基层治理水平（治理之道）[N]. 人民日报，2021-06-15（13）.

是实施乡村振兴战略的重中之重。在推进乡村振兴战略的过程中，农村基层党组织应将产业振兴作为重点任务，以农业供给侧结构性改革和培育农村发展新动能为工作主线，着重增强经济引领能力。一是从实际出发，因地制宜开展工作。基层党组织应充分整合当地独特的资源、人文和生态等优势条件，协调一、二、三产业，发挥组织和政治上的优势，探索建立适合本村的新型集体经济发展范式，促进传统农业向现代农业转变，提高农民收入水平。二是升级传统产业，培育农业发展新动能。依托特色农业产业体系建设，加快形成一批具有较强辐射带动作用的特色产业集群。通过规模化、合作化、组织化、市场化的农业生产经营模式，打破小农户分散割裂的经营格局，实现供需平衡。三是发展农村新产业新业态。农村基层党组织应当积极探索市场需求，充分利用国家的优惠政策，创新商业模式，以适应时代发展的要求。发挥村党支部书记和村委会主任作用，引导群众参与到农产品供应链中，同时采用线上线下、虚实结合等多种手段，推进共享农业、体验农业、康养生态、农商直供等新兴业态的发展。

2. 壮大集体经济，增强乡村"造血"能力

发展壮大农村集体经济组织，盘活农村各类资源、资产、资金，不断增强农村集体经济发展实力，培养农村自我发展的"造血"能力十分重要。党的二十大明确提出"发展新型农村集体经济"，发展新型农村集体经济，是引领农民实现共同富裕的重要途径，能够推动农村产业高质量发展。农村基层党组织通过大力发展新型农村集体经济，推进土地等资源要素向更有能力的经营主体流转，解决土地细碎化和资产利用率低的问题，通过资源整合、要素聚集，促进农业生产专业化、规模化、绿色化，进一步促进乡村一、二、三产融合，不断完善农业产业体系、生产体系和经营体系，可以有效提升农业综合生产效率，推动农村产业高质量发展，同时又能提高农村党组织的威信，夯实党组织凝聚群

众的基础,提高基层党组织的执政能力,推进基层治理能力现代化。

(二)提升乡村组织能力

乡村振兴不仅是产业、组织等要素的振兴,还需要有效治理、文明乡风等层面的多措并举。乡村治理是一项复杂的工程,需要从多方面、多维度协同推进。

1. 明确基层党组织地位

在乡村治理过程中,农村基层党组织应当明确自身的领导地位,加强和改进党对乡村的领导。在这一进程中,必须始终坚持党的领导,以确保前进方向的正确性,并保障乡村善治的实现。农村基层党组织必须持续探索创新领导方式,有效推动我国社会主义新农村建设。随着乡村治理主体的多元化发展,不同治理主体的地位存在差异,因此需要农村基层党组织作为引领基层善治的"主心骨",发挥中流砥柱的作用。在乡村治理中,党建的引领不仅能够汇聚多元主体,形成共治合力,更能整合各类优质治理资源,从而实现全面治理。因此,要进一步加强党的建设,充分发挥党的政治优势、组织优势、群众资源优势,不断提升党的乡村治理能力水平。党员干部应当深刻领会党建引领的理念,不断提升自身乡村治理的素养和能力,熟练掌握现代科技手段,不断创新治理方式,从而提高治理效能。

2. 注重优化组织设置

为了进一步增强党组织的凝聚力和战斗力,更充分、更有效地发挥基层党组织的堡垒作用,必须全面优化组织设置。以党组织领导核心和政治核心作用原则为指导,从围绕中心、服务大局、拓展领域、强化功能等多个方面入手,不断扩大组织的覆盖范围,激发组织的生命力和活力。在此基础上,结合工作实际,按照"精简、统一"的要求对原有机构进行调整与整合。以周边机关、企事业单位情况及组织队伍发展情况为切入点,从加强党组织辐射、联动辖区各类组织发挥作用、持续加强党员管理、持续加强群众服务的角度出发,通过撤销、合并、升格和分设等措施,实现组织规模适中、层次合理、配备科学,确保组织优化设置后,战斗堡垒的作用更加有力。

(三) 提升服务群众能力

乡村振兴既要坚持党管农村工作,也要坚持农民主体地位。当前我国部分地区农村基层组织存在着职能缺位、角色错位等问题,影响了农民群众对乡村振兴的支持力度。但是要想充分有效地调动起农民群众投身乡村振兴的积极性,基层党组织就要加强自身服务型党组织建设,提高服务质量,在切实服务农民群众和有效推动乡村振兴的融合互动中激发农民参与乡村振兴的"内生动力"。

1. 转变服务意识

虽然农村基层党组织领导农村一切工作,但并不是"高高在上发号施令",要意识到"领导就是服务"[1]。新时代,基层党组织要以人民群众满意不满意作为检验标准,正视乡村振兴进程中利益结构调整问题,积极探索农民的服务需求,做好扶弱助贫、服务群众的工作,脚踏实地为群众做好服务工作,提升服务水平,切实解决好农民群众最关心、最直接、最现实的问题。党员干部要坚定理想信念,积极践行"为民服务孺子牛"的精神,以农民群众为主要服务对象,树立公仆意识和主动服务意识,带着感情去理解群众,深入群众了解群众合理需求,掌握群众思想动态。秉持以人为本的理念,充分尊重民意,虚心倾听群众心声。加强对农民群众生产生活情况的调查研究,及时准确地反映民情、社情,切实做到权为民所用。以维护农民群众的利益为服务原则,畅通群众诉求渠道,确保群众的合法权益不受侵害。以提升农村基层党组织的战斗力为着眼点,着眼于解决农村所面临的突出问题。以党

---

[1] 邓小平. 邓小平文选:第3卷[M]. 北京:人民出版社,1993:121.

在农村各项工作中取得的成效为标准，不断巩固基层政权建设成果。通过提供优质的服务解决问题，凝聚民心，增强农民群众的获得感、幸福感和安全感。

2. 创新服务方式

乡村振兴中基层党组织应将抽象服务理念转化为有效提高农民实际生活质量，这需要积极进行服务方式的创新。在互联网时代下，农村党建工作必须借助信息技术，通过构建"云"模式，打造新型网络阵地和服务体系，提高服务水平和效率。农村基层党组织应将无意识的信息交流转化为有意识的服务力量，充分发挥信息优势。借助"互联网+"技术，构建农村公共文化服务生态系统，以满足广大农民的文化需求。在新媒体环境下，应在农村建立政府主导的新型传播渠道，利用新媒体构建多元主体协同合作的乡村治理模式。为满足不同群体和利益的需求，建立信息化公共服务平台，如党群服务平台和村务处理平台等，通过平台汇聚各方力量，整合各方资源，实现互联互通，发挥组合拳优势。对于备受关注的土地、财政等热点问题，必须及时公开信息并接受监督，同时积极收集群众的意见和建议，以实现党政和群众之间信息的双向互通。利用大数据思维构建村级组织网络数据库，建立覆盖全社会的数字档案体系。通过运用信息化创新手段，构建党员服务平台，以提升党员服务水平。在农村建立"村党支部书记微信群"，通过微信交流沟通党员情况，让广大党员了解党的最新政策。推动农村党员充分发挥专业技能，积极开展专项服务，采用动态数字化管理方式，全面记录党员参与敬老助残扶困等项目的动态情况。同时通过建立农村社区党建信息库，将涉及农民切身利益的各项工作情况及相关政策落实到基层。通过提供可量化、可靠的评估信息，促使党员积极主动地与群众联系，为民生保障体系的健康运转提供有力支撑。此外，在以村党组织为纽带的基础上，建立便民服务站、老年人关爱中心、教育医疗服务机构等，以确保服务覆盖到乡村的"最后一百米",从而树立起便民高效的服务形象,真正实现为人民服务不打折。

3. 丰富服务内容

农村基层党组织要立足乡村振兴,满足农民群众的实际需求。一方面,结合群众的实践活动,拓宽服务渠道。基层党建工作必须适应新形势发展要求,在服务中创新,才能更好地引导广大人民群众投身到社会主义现代化建设中来。农村基层党组织应当及时给予政策培训、技术支持、创业指导及其他全方面服务,以引领群众致富为突破口,充分发挥服务引领作用,面向大众,定制服务。另一方面,农村基层党组织要注重丰富公共文化服务产品,做好思想政治教育工作,帮助广大村民树立正确的人生观和价值观。农村基层党组织要通过举办文化下乡、田间科普等活动,向广大群众普及相关政策,为他们的生产和生活提供理论指导。通过建设阅读室、乡村舞台等文化基础设施,充分利用公共文化服务资源,不断提升乡村文化空间的品质,使群众享受更加丰富多彩的精神娱乐生活。同时还要加大对农村文化产业的扶持力度,推动文化事业和产业融合发展,让文化体制改革所带来的红利真正惠及广大农民群众。农民群众只有实现精神脱贫,才真正站在了"新生活、新奋斗的起点"[1]。

三、加强人才支撑,推动党员结构合理优化

党员队伍的质量关系到基层党组织的战斗力,与推进乡村振兴的进度有着密切联系。习近平总书记高度重视党的基层队伍建设,提出:"要加强基层党组织带头人队伍建设,注重培养选拔有干劲、会干事、

---

[1] 习近平.脱贫摘帽不是终点,而是新生活、新奋斗的起点[EB/OL].新华网,2021-02-25.

作风正派、办事公道的人担任支部书记，团结带领乡亲们脱贫致富奔小康。"①。所以，加强农村基层党建、推进乡村振兴的关键是选优配强带头人和领导班子，基础是加强农村党员队伍建设，打造一支真正能为群众谋幸福的高素质党员队伍。

（一）优化农村党员干部队伍结构

农村党员干部队伍是联结党和群众的纽带，是实施乡村振兴战略的重要主体，党员干部的能力和质量直接影响到农村党组织的领导地位是否牢固。

1. 优选基层党组织带头人

在乡村振兴的进程中，基层党组织应当致力于培养一支高素质、高水平、敢担当的书记队伍，发挥"领头羊"效应。一是要从源头上选一批优秀农村党支部书记。通过建立选拔机制、考核机制、激励机制，把那些政治素质强、群众基础牢、作风扎实、业绩突出、群众满意的优秀分子吸收到村级领导班子中来，为推动农村经济社会健康持续发展提供坚强的组织保障。二是农村基层党组织要积极创造条件，加大对党员干部的培训力度，提升其整体素质能力，使其深刻领悟乡村振兴的相关政策举措，督促党员干部迈出步子多下基层、俯下身子多听民声，对所学知识结合当地实际，用心思考，将其转化成做好工作的本领。三是农村基层党组织应积极推进后备力量的培养和发展，以确保人才储备的充足和有效。

2. 改善农村党员队伍结构

习近平总书记指出："办好农村的事情，实现乡村振兴，基层党组织必须坚强，党员队伍必须过硬"②。村党组织要明确党员发展对象，

---

① 陈联俊.加强基层党组织带头人队伍建设［EB/OL］.人民网，2019-05-13.
② 乡村振兴，农村基层党组织必须坚强，党员队伍必须过硬［N］.黑龙江日报，2018-03-09（10）.

可以选取在乡村振兴事业中表现卓越的群众作为党员发展对象，激发其干事创业的活力。对于入党积极分子，必须严格执行公推优选程序，加强发展党员过程管理，确保每一位共产党员都能成为合格党员。对于党员队伍的年龄结构，需要进行全方位的考量和考察，以确保党员的发展质量，并改善当前农村党员年龄、性别、文化结构等方面的不协调现象。

（二）加强农村党员干部管理教育

农村基层党组织要充分发挥出战斗堡垒作用，关键在于拥有一支信仰坚定、素质优良、干劲十足的党员队伍。当前，农村党建工作中存在着一些问题，如党员数量较少、整体素质偏低等，严重影响了基层组织的凝聚力和战斗力。这就需要加强对党员的教育管理工作，提升党员的综合素质。在实施乡村振兴战略的大环境下，必须继续深入贯彻全面从严治党的要求，强化党员的日常教育和管理工作。

1. 优化教育内容

加强党员教育管理必须严格党的组织生活，农村基层党组织必须强化思想教育。首先，从农村实际出发，以农村党员易于接受、喜闻乐见的活动形式提升其党性觉悟，唤起他们投身乡村振兴的使命感和责任感，以宗旨意识和公仆情怀做好示范引领，筑牢乡村振兴的精神基础。同时，在制度上完善党内政治文化建设，为广大党员提供更多学习交流的机会，让他们真正成为党的忠诚卫士。其次，注重党员的素质教育。坚持理论武装与实践锻炼相结合，不断提高党员素质能力。通过策划和实施多样化的主题实践活动，有效提升支部内部的凝聚力和战斗力。同时加强基层党组织建设，充分发挥好党支部战斗堡垒作用，不断提高党员素质水平。最后，加强实用农业技术的培训。通过组织参加各种形式的技术培训活动，提升党员干部对先进科学技术的认识程度，增强其实践能力。在考虑当地实际情况的基础上，积极探索创新，推出多种形式的科技培训班,以满足不同领域的需求。开展乡村振兴系列专题培训,探索搭建由高校教授、专家、企业技术顾问等人员组成的"乡村智库"。依托农村党员干部现代远程教育平台,建立基层党组织书记、村党支部委员与农技推广部门负责人之间的互动交流机制,提高学习效率。科学制定培训计划,通过引领示范、帮助支持促进现代农业技术在乡村的广泛普及和应用。

2. 创新教育方式

创新党员干部教育方式,进一步增强党组织凝聚力,使党的工作和党的建设更加符合科学发展观的要求,保持党组织工作持续发展的生机和活力。要以创建"学习型党组织"为载体,创新党员学习教育方式,营造浓厚的学习氛围,切实让党员在学习中做到善于与人沟通,坦诚相见,进一步增强党员的责任心和使命感。农村基层党组织要本着"理论与实践相结合,线上与线下相补充"的原则,充分利用好现代信息化技术,拓宽教育渠道,推广网络教学,开展经验研讨、观摩实践、专题培训、案例教学等教育方式活动,提高教育的灵活性。

第三章

多元共治：健全乡村治理组织体系

中共中央办公厅、国务院办公厅印发的《关于加强和改进乡村治理的指导意见》指出："建立以基层党组织为领导、村民自治组织和村务监督组织为基础、集体经济组织和农民合作组织为纽带、其他经济社会组织为补充的村级组织体系"[①]。新时代背景下的乡村治理应更加重视多元治理主体的协同共治。以基层党组织为领导的村民自治组织、集体经济组织、农民合作组织和其他经济社会组织作为乡村治理的重要主体，其在深化村民自治实践、促进乡村社会经济发展、完善乡村基层治理等方面发挥着重要作用。不断加强乡村社会组织建设，有利于充分发掘乡村社会活力，优化和重构乡村治理秩序，从而实现乡村治理有效。

第一节 乡村组织体系概述

乡村组织是党和政府联系广大农民群众的桥梁与纽带，肩负着凝聚人心、推动发展、促进和谐的重要职责，是提升乡村社会治理水平和实施乡村振兴战略的重要支撑。改革开放以来，随着我国农村经济社会发生深刻变革，尤其是进入新时代后，我国城乡关系不断变化，乡村组织面临诸多挑战。今后应坚持党在乡村社会治理中的领导核心地位，充分

---

① 中共中央，国务院. 关于加强和改进乡村治理的指导意见［S］. 新华社，2019.

发挥乡村党组织领导和协调作用，以强化组织保障为支撑，构建起组织有序、职责有界、队伍有力、治理有效的基层治理体系，形成多元治理主体的强大合力，推进乡村社会治理和乡村振兴。

一、乡村组织概况

随着我国城乡经济社会发展变化，我国乡村社会治理的组织架构也在不断变化。尤其是党的十八大以来，农业农村改革速度加快，各种乡村新兴组织不断涌现。从我国乡村社会治理的组织架构来看，广义上的乡村组织包括基层政权、基层党组织和其他组织三个方面，是由乡镇政府组织、村级党组织、村民委员会、自治组织、其他经济社会组织等形成的多样化的"组织网络"。狭义上我国的乡村组织又称作村级组织，主要包括党群组织、村民自治组织、监督组织、经济组织、社会组织五大类。

（一）党群组织

党群组织是政党组织与群众组织的合称。主要包括以村党支部为核心的村级党组织与共青团、妇联、民兵连等群团组织。村级党组织属于党在农村的基层组织，是本村各种组织和各项工作的领导核心，是团结带领广大党员和群众建设中国特色社会主义新农村的战斗堡垒。依党员人数多少和上级党委管理要求，村级党组织可设立村级党委、党总支、党支部。其功能发挥仅限于所在村辖区，领导村民委员会、村务监督委员会、工青兵妇及其他自治组织。村级党组织是党的纵向组织体系中的最底层、最下游，做的是打基础强基业的工作。村级共青团组织是共青团联系广大农村青年的纽带，是团组织在农村工作中发挥战斗作用的前沿阵地。主要肩负引领凝聚青年、组织动员青年、联系服务青年的职责，团结带领团员青年在巩固脱贫成果、促进乡村振兴中发挥生力军和突击队作用。其中团员青年主要发展对象是年龄在十四周岁以上、二十八周岁以下的中国青年。村妇联是全国妇联在村一级的机构和职能的延伸，主要职能是团结教育妇女、维护妇女儿童合法权益。村级民兵组织是中华人民共和国武装力量的组成部分，是中国人民解放军的助手和后备力量，担负战备勤务、防卫作战任务，协助维护社会秩序。以村为单位设置的民兵连根据村内人口设置人数不等的民兵组织，民兵分为基干民兵和普通民兵，统一由乡镇武装部领导。目前，村级民兵组织一般为连建制，连长一般由村民委员会主任担任，教导员由村级党组织书记担任。村级推行村党组织书记和村民委员会主任"一肩挑"后，一般由村民委员会副主任担任民兵连连长。

(二) 村民自治组织

村民自治组织是由中国大陆地区乡（镇）所辖的行政村的村民选举产生的群众性自治组织。主要包括村民委员会、村民小组、村民议事会等。其中村民委员会是村民自我管理、自我教育、自我服务的基层群众性自治组织，实行民主选举、民主决策、民主管理、民主监督。村民委员会主要办理本村的公共事务和公益事业，调解民间纠纷，协助维护社会治安，向政府反映村民的意见和建议。村委会可以下设若干村民小组。村民委员会由主任、副主任和委员共三至七人组成。村民委员会成员中，应当有妇女成员，多民族村民居住的村应当有人数较少的民族成员。我国大部分地区现在实行了村支书和村委会主任"双肩挑"，有利于提高效率和统筹村里的资源，促进农民生产致富。村民议事会是在农村通过党员和村民代表推选出的5-9人的农村事务会商议小组。它是按照村民人数多少产生出的群众性非正式组织，其成员多是德高望重的老村干部或有智谋、善监督的本村村民。其主要任务是在村党支部和村委会的领导下，在现任村干部决策村内大事之前进行调研论证，在决策之中进行献计献策，在决策之后实施监督。

（三）监督组织

村务监督委员会是村级民主监督组织，其成员由村民会议或者村民代表会议在村民中推选产生，其中应有具备财会、管理知识的人员。村民委员会成员及其近亲属不得担任村务监督机构成员。村务监督机构成员向村民会议和村民代表会议负责，可以列席村民委员会会议。在镇纪委指导和村党组织领导下，村务监督委员会独立开展工作，负责对本村村级事务、村民民主理财、村务公开等制度落实的民主监督。

（四）经济组织

经济组织主要包括农村集体经济组织、农民专业合作社等从事农业生产经营方面的自愿联合、互助性组织。农村集体经济组织是原人民公社组织演变而来的，是除国家以外对土地拥有所有权的唯一的组织。具体而言，农村集体经济组织是以土地等集体所有财产为纽带，承担土地承包、资源开发、资本积累、资产增值等集体资产经营管理服务的基层经济组织，依法代表集体成员行使集体资产所有权，享有独立经济活动自主权。党的十九大报告强调把壮大集体经济作为一项重要举措。党的二十大报告明确指出，"全面推进乡村振兴"要"发展新型农村集体经济"。所谓新型农村集体经济，就是产权明晰、成员清晰、权能完整的农村集体经济。推进新型农村集体经济的发展，旨在激发农村各要素的潜能，赋予农民更多的财产权利，实现强村与富民结合。以农村家庭承包经营为基础的农民专业合作社，通过提供农产品的销售、加工、运输、贮藏以及与农业生产经营有关的技术、信息等服务来实现成员互助的目的。目前我国农民专业合作社主要有以下三种基本模式：第一，以农民为控制者或创办者的农民专业合作社；第二，以相关组织为控制者或创办者的农民专业合作社；第三，以企业为控制者或创办者的农民专业合作社。

（五）社会组织

社会组织主要包括民办非企业组织以及可采取政府购买服务的公益类、服务类、救助类、维权类等功能性社会组织。2018年中央一号文件明确提出"大力培育服务性、公益性、互助性农村社会组织，积极发展农村社会工作和志愿服务"。在改革开放以来的国家赋权下，新型社会组织取得快速发展，基层新型农村社会组织更是发挥了实现社会善治、弥补市场失灵、整合社会力量等功能。

二、乡村组织功能

2022年8月，中共中央办公厅、国务院办公厅印发了《关于规范村级组织工作事务、机制牌子和证明事项的意见》，其中提到村级组织是党和政府联系村民群众的桥梁纽带，也是全面实施乡村振兴战略的重要力量。乡村振兴离不开坚实有力的村党组织，离不开尽心尽力的村民自治组织，离不开生机盎然的农村集体经济组织，离不开清正廉洁的村务监督组织。村党组织是乡村振兴的发起者，担负着乡村振兴的领导使命；村民自治组织是乡村振兴的奠基者，增强乡村振兴的凝聚功能；农村集体经济组织是乡村振兴的建设者，强化着乡村振兴的服务功能；村务监督组织是乡村振兴的净化者，夯实乡村振兴的廉洁功能。

（一）健全村党组织，强化领导功能

加强党的农村基层组织建设，继续深入落实"头雁工程"，强化党建引领，树立"抓党建就是抓发展，抓党建就是抓生产力"的理念，充分发挥党组织在乡村振兴中的领导作用，从思想上、政治上、机制上凝聚推进乡村振兴的强大合力。坚持以党支部为核心，加强农村基层战斗堡垒作用建设。农村富不富，关键看支部，干部强不强，关键看头羊。乡村振兴需要党员扮演好先锋头羊角色，敢挺身而出、敢冲锋陷阵，做好先锋模范，从而带动群众、团结群众、组织群众。加强基层服务型党组织建设，要注重提高党员队伍整体素质。重视年轻党员培养，开展年轻党员干部交流会，举办村党组织书记、老党员分享会，以互动交流、现场分享、外出调研相结合的形式，通过外出"学"、一线"教"、案例"讲"等方式，培养年轻党员服务群众和带动乡村振兴的能力。同时加强对乡村干部的培训教育，提升他们履职尽责的本领，使之成为新时代乡村振兴建设中一支不可缺少的力量。通过强化党建引领、发挥党员先锋作用和培养年轻党员等措施健全村党组织，以强化村党组织的领导功能。

（二）坚持村民自治，增强凝聚功能

众人拾柴火焰高。坚持村民自治是党领导农村工作的基本经验之一。村民自治有利于基层群众的自我管理、自我服务、自我教育和自我监督，可以更加充分地发挥村民的主体作用、能动作用，增强村集体的凝聚功能。坚持村民自治是社会主义民主政治建设的重要组成部分。通过完善村民代表会议制度、村务公开制度等，保障农民知情权、参与权、监督权、表达权，维护农民合法权益。坚持实行村民自治，促进治理体系与服务重心的下移，将更多的资源向基层下沉，让更多服务走进人心，使村民参与到村庄治理中来，让矛盾纠纷在村中得到解决，从而实现矛盾解决、观念改变和风气改善。坚持村民自治与加强党对农村基层工作领导相结合，依法规范基层群众性自治组织活动，不得侵犯村民的人身权利、民主权利和合法财产权利。坚持村民自治，增强基层群众自治意识。鼓励群众参与基层治理，使基层群众由开始的被动接受转变为主动参与，打造人人有责、人人尽责、人人共享的乡村治理格局，赋能乡村振兴、提升群众幸福感和获得感。

（三）发展农村集体经济，强化服务功能

随着我国城镇化进程加快，农村人口大量向城市转移，通过对集体经营性建设用地与国有土地进行制度改革,集体经济土地的财富效应日益显现。在农村土地要素市场化配置下,村域内各类生产要素可以自由流动和优化配置。通过宅基地的就地入市、整合入市、调整入市,盘活闲置宅基地和闲置住宅,促进城乡建设用地双向集约利用。农村集体经济组织在城乡统筹中具有重要作用,乡村能人的参与是实现农村集体经济高质量发展的重点。在国家宏观政策引导下,乡村能人参与农村经济建设,带动了农业产业化经营和新业态的产生。支持乡村能人领办农村集体经济,可以整合乡村和社会资本,引进国内外先进生产技术、管理经验、专业人才和服务理念,促进产业升级转型,推动高质量发展,为乡村振兴建功立业。构建特色产业为农村集体经济打造错位竞争优势。各地区在充分调研的基础上,进一步确定具有地方代表性、行业领先性、市场导向性和企业成长性的优势产业或项目,并对其进行科学规划布局,形成"一村一品"的格局。同时结合当地人文、环境、文化、物流等特色,制定差异化的发展战略,实现产品、生产方法、市场导向、生产资源、服务人员和产业组织的差异化,避免出现产业同构与同质化竞争。

(四)规范村务监督,夯实廉政功能

"蝇贪"成群,其害如"虎"。农村腐败会损害老百姓的切身利益,啃食基层人民的获得感,降低人民的幸福感,挥霍群众对党的信任。[1]要防止农村出现腐败现象,就必须从源头上解决好农村存在的一些突出问题,而村务监督是关键一环。村务监督有助于预防和遏制腐败、保障村民合法利益,有助于提高群众对党的认识、密切干群关系,有助于加强基层党风廉政建设、推进基层民主政治建设。全面推动从严治党向基

---

[1] 李丽. 微腐败治理视角下村级财务管理的有效路径探析[J]. 农村·农业·农民(A版),2022(12):41.

层延伸，厚植党的执政根基，加强村务监督的党建引领，消除农村存在的"不敢监督""不愿监督"和"不会监督"的问题，做到谨慎用权、廉洁用权，做好廉洁表率。切实发挥村级纪检委员和村务监督委员会作用，加强村级纪检委员和村务监督委员会成员的培训工作。村务监督委员会在不断强化自身职能的基础上，充分发挥村级纪检委员和村务监督委员会成员廉政监督、政策宣传、信息收集等作用。通过村务内容公开、村务形式公开、村务责任明确等方式加强"阳光村务"建设，加强对村级"小微权力"的监督，切实保障群众对村务的知情权和监督权。

三、乡村组织体系建设意义

组织被视为现代社会的基本结构单位，基层社会的组织化程度是对其治理水平进行考察的一个重要标尺。[①] 建设乡村基层组织体系，有助于克服乡村治理中存在的组织薄弱、参与度低等问题，从而改善乡村社会治理秩序，促进乡村人才培养，完善基层党组织建设。

（一）改善乡村社会的治理秩序

党的十一届三中全会以来，乡村基层社会结构经历了从高度组织化到个体化发展的转变，这使乡村基层社会治理秩序建设面临诸多新的挑战。在推进乡村基层社会治理现代化的过程中，村民委员会显露出组织能力不足的问题。第一，在基层乡镇政府下达的行政指令面前，村民委员会表现出了倦怠的态度，这是因为村民委员会与基层乡镇政府之间工作协调性不佳。第二，随着时间的推移，农村集体经济在村民委员会的领导下逐渐衰弱，村民委员会在公共事务管理和公共服务供给方面能力

---

① 羊中太，雪蒙.乡村基层组织体系建设的价值、困境与优化［J］.辽宁经济，2022（4）：43.

不足，从而削弱了其在乡村基层治理中的主体作用。同时，由于村民委员会内部缺乏有效沟通机制和监督机制，导致其在乡村治理过程中出现权力滥用或寻租行为的可能性增大。第三，当前农民对美好生活和公共参与的需求已经超越了村民自治组织和其他社会组织所能覆盖的领域。因此，必须对乡村基层组织进行整合和引导，以提升现有乡村基层社区组织的水平，改善乡村基层社会的秩序。

(二) 促进乡村人才培养

乡村基层组织的核心在人，这类主体是由具体的价值观念和社会利益融合而成的，因此，乡村基层社区组织必须以人为中心，积极推进乡村基层社区组织的有序化，以提升乡村基层治理的现代化水平。村民是乡村振兴的中坚力量，必须充分激发村民的主动性，使其积极参与"三农"工作队伍的建设，扩大新发展阶段中的新农民队伍规模，同时为全面乡村振兴提供重要的人才支持。目前，我国农村基层地区正面临着一系列挑战，其中包括老龄化问题的不断加剧和人口规模的不断萎缩。同时随着农业生产规模不断扩大，土地流转速度加快，大量劳动力涌入城市从事非农职业，导致年轻人外出打工人数增多。随着青壮年人口的外流，乡村人才长期处于"失血"和"贫血"状态，这种情况使农村劳动力无法满足现代农业农村发展的需求。乡村基层组织应当肩负起留住乡村人才、挖掘乡村资源、吸引社会资本等重要使命，同时积极引导和激励农民发挥自觉性和主动性，不断壮大和发展乡村基层社区组织的力量。

(三) 完善基层党组织建设

新发展阶段下，乡村基层党组织凭借其独特的引领优势来为乡村治理创新指明前进方向，而乡村治理则以现实诉求为动力来激活基层党建持续创新。① 加强乡村治理和基层党组织建设，必须充分发挥农村基层党组织的领导作用，持续推进党建工作。第一，基层党组织在乡村基层组织体系中发挥领导核心作用。基层党组织是实现国家治理现代化的重要载体，是推动农村社会全面和谐进步的关键力量。乡村基层组织体系的构建为基层党组织的蓬勃发展提供了坚实的基础，通过培养杰出的党员干部、选拔杰出的领袖和负责人，不断加强基层党组织的人才储备。通过完善制度规范、加强思想政治工作和创新党建方式等措施优化乡村基层党组织建设，能够有效提高农村基层党组织的凝聚力、战斗力和服务能力，增强党的执政地位。第二，将基层党组织打造成乡村基层组织体系建设中的坚强堡垒。在乡村振兴建设中，必须精选出具有领袖气质和领导才能的党员干部，并对其进行全面教育，使其得到全面发展，将基层党组织打造成坚不可摧的堡垒，发挥好其内在动力作用，不断提升自身的组织能力，有助于激发自身建设的积极性和创造性，不断促进乡村基层组织体系建设。

第二节 乡村治理组织体系完善路径

乡村治理是推动农村发展的重要环节，完善乡村治理组织体系可以提升农村社会管理水平，促进农村经济社会可持续发展。构建农村基层党组织领导下，多元农村治理主体协同治理的组织体系。首先，需要通过强化村级组织工作力量，优化基层组织体系构建。其次，厘清基层组织主体关系，促进不同组织融合发展。最后，改善乡村公共服务水平，提升基层组织治理效能。

---

① 羊中太，雪蒙.乡村基层组织体系建设的价值、困境与优化［J］.辽宁经济，2022（4）：43.

<<< 第三章 多元共治：健全乡村治理组织体系

一、强化村级组织工作力量，优化基层组织体系构建

（一）加强党组织对农村治理的结构性嵌入

新时代乡村振兴工作的推进，需要农村基层党组织能始终处于农村治理结构"总揽全局，协调各方"的结构性方位，通过"结构性嵌入"实现并保证对农村其他治理主体的领导关系真实有效。正确认识党组织与社会的关系，通过结构嵌入的方式，实现和确保与农村其他治理主体建立领导关系。[①] 农村经济社会健康稳定发展的关键在于发挥好基层党组织的引领作用。农村基层党组织嵌入农村治理，需要理顺其与村民、社区自治团体以及乡镇政府等市场化治理主体之间的关系，并将农村群众的利益植入到治理的过程中，严格执行并全面推进中央关于村党组织书记兼任村委会主任的要求、村级集体经济组织和合作经济组织负责人的制度，只有如此才能充分发挥基层党组织推动农村经济社会协调发展的作用。

（二）继续深化乡镇政府职能转变

乡镇政府要按照"小政府、大服务，小政府、大社会"的工作新格局，将工作重点转向强化社会管理与公共服务，着力打造服务型政府。乡镇领导处于农村改革的前沿，必须顺应乡镇政府改革的要求，调整领导方式和方法，从传统工作模式中走出来，加强政策引导，提供信息服务，注重组织协调。同时还要处理好与农民群众的关系。在职能转变过程中，乡镇政府的工作重点是：贯彻党的路线、方针和政策，积极推进农村各项改革的协同发展；加强农村公共服务和社会化服务体系的建设，推动农村经济和社会的全面发展；加强农村社会治理，确保农村

---

① 管文行.乡村振兴背景下农村治理主体结构研究［D］.长春：东北师范大学，2019：118.

社会秩序的稳定。在政治领导方式上，强调尊重民意，提高执政水平和能力，增强民主意识，转变和改进工作作风。在经济领导方式上，坚持放手放权，把产业经营让位于龙头企业，把产业管理让位于产业协会等中介组织，把技术服务让位于经营性服务组织。此外，在现行法律允许的条件下将一些行政执法和行政监督的权力通过委托或授权的方式授予乡镇政府行使或县乡共同行使，确保乡镇政府事权的对等，激发乡镇政府的积极性，促进乡镇社会经济和各项事业全面发展。

（三）发挥其他基层组织合力效果

新发展阶段下，积极构建基层党组织引领其他社会组织参与协同共治的多元组织体系是非常必要的。通过建立多元化主体共同参与的治理结构来解决当前我国乡村地区存在的一些亟待解决的突出矛盾和问题，从而实现乡村振兴。第一，强化治理组织效能。治理组织是在农村基层工作出现问题或工作需要进行推进开展时发挥作用的关键性组织。只有加强对基层治理组织的建设，才能够使其更好地服务于整个社会系统，从而促进整体的稳定和谐。治理功能的发挥不仅促使基层开展农村工作能够合理有序地推进，也是及时发现现阶段工作开展中实际问题的重要途径。强化组织的治理功能是要更清晰地划分基层组织职责，注重基层组织执行力和执行成效的典型表现。通过提高自身的政治素养和能力，加强民主意识以及责任意识，来提升治理水平，并以此为基础构建良好的乡村秩序，促进新时代社会稳定发展。就提升治理组织效能具体措施而言，要将自治组织和上级的权利关系理清，明确自治组织的基本职责，协助上级要完成的事务，避免行政功能给自治功能带来影响。在健全自治单元的前提下，依照法律基本准则，将自治重心下放，对村民小组等自治单元进行合理划分。第二，激发社会组织活力。充分发挥社会组织自身优势，引导其积极参与乡村治理工作。切实发挥基层党组织引领其他社会组织参与协同共治的作用，强化各组织之间的合作协同能力。从政策、资源和制度方面对乡村社会组织给予进一步的规范与扶持，如培育具有较强公信力、运作规范、专业能力的社会组织，同时开展生态环保、涉农技术、文娱等方面的服务项目。第三，把握经济组织作用。通过完善法律体系、健全监督机制以及加强政府监管来实现农村经济社会发展与经济组织之间的良性互动，为经济组织提供良好的外部发展环境。对经济组织依法开展经济活动给予充分支持，基于市场经济思维，给经济组织发展指明方向，带领其把农村经济工作从原先的集体增收转为全面致富，形成新型的农业经营主体，引导农业品牌建设，夯实农村经济发展基础。

二、厘清基层组织主体关系，促进不同组织融合发展

(一) 充分发挥政府主导与农民主体作用

推进乡村振兴，政府具有义不容辞的责任，政府担负引领发展的主导作用；农民群众是直接受益者，是主体力量。要把更好发挥政府主导作用与充分发挥农民主体作用结合起来。一方面，政府应做好统筹协调、提供基本公共服务、营造良好发展环境等工作。政府要加强对乡村建设用地的规划管理，合理调整土地利用结构，优化土地资源配置，促进城乡要素合理流动。同时，引导市场主体参与乡村振兴，使市场真正成为配置资源的决定因素，提升乡村振兴的效率与质量。另一方面，充分发挥农民参与村民自治的主体作用，通过基层党组织的鼓励和带领，激发农民的积极性和主动性。同时，充分利用乡土人才和乡村精英的优势，增强多元主体协同共治能力。要以提升农民素质为核心，培育新型职业农民，培养高素质劳动者。要尊重农民意愿，通过加强制度建设、政策激励、教育引导和农民技能技术培训，发挥政府投资的带动作用，引导支持农村集体和农民自主实施基础设施建设、农民居环境整治，充分激发群众的内在动力，依靠自己的辛勤劳动创造美好生活。

（二）持续调动乡村社会组织积极性

社会组织能够动员整合各种社会资源，补充财政紧张和公权供给的不足，同时吸纳社会精英和专业人员，丰富乡村振兴所需要的资料和最稀缺的社会资源。要丰富基层多元治理的发展实践，充分调动乡村社会组织的积极性，不断完善基层民主建设，引导广大治理主体参与基层治理，形成人人关注治理、人人参与治理的良好基层治理格局。第一，要搭建桥梁和对接平台。要积极促进社会组织参与乡村振兴项目库建设，主动与乡村振兴部门推进政策、资源和数据的协同，以实现帮扶工作的精准、高效和智能发展。各级社会组织登记管理机关要增强对接乡村振兴工作的敏锐性、主动性，将重点工作转化为日常行动。第二，要营造良好环境。民政部门要发挥好枢纽型社会组织作用，加强对当地社会组织的能力建设，通过培训社会组织负责人、志愿者和社会工作者，以推出具有针对性的项目管理、品牌管理课程等方式，进一步挖掘其潜力，激发其发展活力。为了营造一个清朗的发展环境，必须对非法社会组织进行查处，并打击各类以乡村振兴为名的欺诈行为和牟取私利的行为。第三，要做好服务保障。充分发挥民政部门在推进新型城镇化过程中的重要职能作用，积极协助地方政府完善公共服务体系。要完善相关法律法规和政策制度，依法维护社会组织合法权益，规范对社会组织的管理与监督。引导乡镇、区县党政领导干部与社会组织接触，促进村"两委"负责同志接纳社会组织，鼓励基层在实践中探索创新，探索社会组织融合发展新模式。

（三）加强对市场性治理主体的规制

市场性治理主体对农村治理绩效具有关键影响作用。第一，应加强企业家的党性教育、法治知识教育，并通过相关政策学习，提高其政治、法制、纪律、公共保护等方面的觉悟。在政府引导下，鼓励和支持企业积极承担社会责任，树立诚信理念，增强市场竞争力。第二，要转变、创新乡村治理的思路与治理手段，推进农村治理民主化，实现全面健康发展。第三，重视企业家培养，提升其文化水平，提高其政治意识。第四，建立健全监管处罚机制，严格遵守"一事一议制"，坚持公开、公平、透明的原则。

三、改善乡村公共服务水平，提升基层组织治理效能

（一）吸引和留存乡村治理人才

人才振兴是乡村振兴的关键。人才振兴是乡村振兴的基础，要创新乡村人才工作体制机制，充分激发乡村现有人才活力，把更多城市人才引向乡村创新创业。第一，要完善和创新乡村人才吸引机制。积极探索多元化的人才吸引途径，特别是要注重对返乡就业创业的大学生、退役军人、产业致富带头人等人才进行引导和培育，以因材施教的方式，为乡村治理人才的多样性注入新的活力。第二，重视培养乡土人才和乡村精英。大力培育新型职业农民、农村实用人才和专业技术人才，促进农业产业化升级。积极挖掘乡村人才，传承和弘扬有益于乡村振兴的"乡贤文化"，发挥"新乡贤"的示范引领作用。鼓励支持人才精英们创新创业，发挥这类人才的引领示范、资源整合的能力。同时，鼓励农村致富带头人、返乡大学生、农民工、退伍军人中的优秀分子进入村班子，鼓励优秀民营企业经营管理人员回原籍发展，帮助农村实现富裕与发展，进一步壮大乡村治理人才队伍。

（二）改革和创新党员干部管理机制

建设一支高度专业化、素质过硬的干部队伍是加强基层党组织建设的重要内容。第一，强化现任党员干部素质提升，加大对党员干部的学历、综合素养的提升。结合各地发展实际，以习近平新时代中国特色社会主义思想为指导，以产业发展为核心，以乡村振兴为目标，以基层治

理为主题，以专业院校、党校、农民夜校为阵地，强化乡村干部，特别是党员干部综合素质的提升。第二，抓好村级干部队伍高质量选配。以选优配强村党组织书记队伍为突破口，全面提升村级干部队伍能力。以后备干部选任与村现任干部留任，在教育培训上寻求突破。加强对村干部选拔任用工作的监督与管理，确保其符合党的政策要求。第三，切实加大对村党员干部的培训力度。要以适应新农村建设需要为导向，教育干部应当在尊重农民的生产经营自主权的前提下，积极组织农民，探索产业化经营的发展之路。加强干部的民主法治教育，提升干部的政策理论素养，增强干部依法行政的自觉性和能力。推动村干部转变工作作风，致力于将完成上级任务与维护群众利益有机结合，积极为群众提供实实在在的服务和帮助。第四，在激励机制上寻求突破。建立健全激励约束机制，激发优秀村干部干事创业的热情。加强对优秀村干部考录乡镇公务员、选任乡镇领导干部的工作力度，以进一步提升选拔质量和选拔标准；为确保干部工资待遇得到切实落实，建立健全村干部社会保障制度，改善优秀村干部的政治待遇，树立并表彰优秀村干部典型，积极营造良好的社会氛围。

（三）夯实和稳固乡村经济堡垒

党的十九大报告提出乡村振兴战略，其中产业兴旺位居首位，由此可见，大力发展乡村经济是吸引和留住人才的重要因素。第一，深入挖掘乡村的内在价值和优势，将其转化为具有经济价值的产业，并积极推动新兴的乡村产业业态发展，这不仅可以促进乡村经济的高效发展，同时也为吸引和留住乡村人才提供了重要的经济支持。第二，积极推进农业和新兴产业的发展，深化科技与农业的融合，加强农业科技创新，积极鼓励乡村新兴产业蓬勃发展，巩固和促进乡村经济的建设和繁荣，推进农业农村现代化进程。

第四章

自治为基：加强乡村自治组织建设

中共中央办公厅、国务院办公厅印发的《关于加强基层治理体系和治理能力现代化建设的意见》谋定"基层群众自治充满活力"目标，提出"健全基层群众自治制度，健全村民自治机制"要求，以充分展现中国特色基层治理制度优势。村民自治是乡村治理的主体框架和核心内容，是基层群众自治在农村的民主实践和伟大创举，是乡村治理现代化"最关键的一招"，必须整合乡村治理资源，从健全村民自治制度，完善乡村自治机制，提升村民自我管理、自我服务、自我教育、自我监督的水平，优化乡村服务格局等方面着力，实现治理为村民、治理靠村民、治理成果村民共享的目标。

第一节 村民自治的产生与发展

我国村民自治的产生与发展有其历史必然性。村民自治是广大农民直接行使民主权利，实行自我管理、自我服务、自我教育、自我监督的一项基层民主制度，其核心为民主选举、民主决策、民主管理、民主监督。村民自治以宪法和法律为依据，坚持党的领导、人民当家作主和依法治国相结合的根本原则，体现了社会主义初级阶段最广泛的爱国统一战线特点和要求，适应了改革开放和现代化建设需要，符合农村基层实际情况。基层自治萌生于农村，后经中央充分肯定并在全国范围内推广，经过40多年的探索和实践，体制机制逐步建立，功能进一步健全，具有深刻而复杂的背景条件和丰富的内容内涵。

一、村民自治产生的背景

村民自治作为一种民主化的乡村整合体制和运行机制，是农民群众实行包产到户制度之后，针对乡村社会中存在的基层公共事务治理失序、"权力真空"等现象而进行的制度性创新。村民自治的产生既有政治形势变化与经济体制变革对民主的客观诉求，也有极为深刻的社会根源等原因。

（一）政治环境变化

随着党的十一届三中全会召开，改革开放实行，乡村公社体制逐渐瓦解。历时20多年的农村人民公社是国家强制力作用的结果，而不是内生型的，缺乏内生动力的人民公社运动严重束缚了公社内的农民，造成农村经济长期低迷徘徊以及普遍贫困化。在人民公社时期，国家对村庄和土地进行严格控制，导致国家与村庄关系日益紧张，最终演变为一种政治斗争形式，从而使乡村成为一个封闭的系统。一旦国家的强制力放松对乡村的管制，乡村社会结构将不可避免地面临瓦解的风险。在这样一种情况下，人民公社无法发挥其应有功能。党的十一届三中全会以后，尽管当时国家未对农村基层民主政治建设进行制度设计和规范，但极为重视民主办社和社员权利，这种规定蕴含着民主自治的元素，是后来村民自治得以形成的政治思想基础。十一届三中全会为村民自治的萌生提供了重大的思想理论背景、原则和方针。基层社会对"人民的直接民主"和"民主管理"的重视程度日益提高，党对农民的民主监督给予支持，同时还通过制定宪法等形式赋予农民更多的自治权。这为民主自治的推广提供了一个更加自由、宽松的政治社会环境，促进了社会的进步和发展。

(二) 经济体制改革

伴随经济体制的改革,使村民自治产生内驱力的包产到户应运而生。十一届三中全会通过的决议强调,要调动农民的积极性,就要在经济上和政治上都对农民主体予以保护。这就决定了对实行包产到户的态度必须坚决果断,决不能有丝毫含糊。1980年9月,中央召开省级党委第一书记座谈会形成的决议以中共中央75号文件的形式印发到全国,对于启动全国性的农村改革、指导包产到户起了很大的促进作用。该文件指出:"凡有利于增加生产,增加收入,增加商品的责任制形式,都是好的和可行的,都应加以支持,而不可拘泥于一种模式,搞一刀切。""在那些边远山区和贫困落后的地区,要求包产到户的,应当支持群众的要求,可以包产到户,也可以包干到户,并在一个较长的时间保持稳定。"[①] 这一决定极大地调动了广大农民的积极性,对于积极推进农村改革具有十分重要的指导意义,自此改革之势初现优势。农村创新实行家庭联产承包责任制是农村经济体制改革的重大突破,这为推行村民自治打下了坚实的物质基础,"包产到户"也使人民公社时期的"一大二公"制度得到根本的破除,让农民身心得到自由,有自主能力的农民是村民自治的前提条件。同时,"家庭副业化""农业商品化"等又为实现村民自治奠定了良好的基础。于是,农村生产经营管理体制的变革成为村民自治产生的内驱力,从根本上推动了村民自治的萌生。

(三) 农村管理真空

随着人民公社体制的解体,农村经济社会转型时期的乡村社会管理出现了组织真空,新的社会组织尚未建立,导致了农村社会公共权力的缺位,从而引发了农村社会管理和社会秩序方面的一系列问题。随着包

---

① 中共中央. 关于进一步加强和完善农业生产责任制的几个问题 [EB/OL]. 中国经济网, 2007-06-13.

产到户的实施，原有人民公社体制下的传统强控制体系已经失效，导致那些与农民利益息息相关的社会职能，如农村社会治安、公共设施、社会福利、土地管理、水利管理等，不再受到关注和重视。旧的管理体制的解体造成了乡村社会管理等一些基层党组织涣散，一些基层行政领导班子也基本处于瘫痪或半瘫痪状态。[1] 许多乡村的公共事务工作陷入了无人问津的境地，亟须建立一种全新的组织来规范和管理，否则农村经济社会的发展和稳定将难以为继。在这种情况下，国家通过实行"包产到户"对农村进行直接管理。随着家庭联产承包责任制的确立，虽然土地所有权归属于生产队，但社员具有生产经营的自主权，原先生产队组织生产、分配的功能基本丧失。在此背景下，生产大队对生产队的管理和调配等职能失去了实际意义与存在价值。因此，随着"双包"政策的实施，公社以下的农村基层组织的实际职能已无法适应新形势的发展，迫切需要进行改革。与此同时，原可领取工分补助的生产大队干部对公共事务的管理失去了主动性。这样造成了生产大队的行政职能无人履行，农村出现了秩序混乱、公益事业无人管理等问题，农村社会管理陷入了一种暂时的"真空"状态。

（四）社会结构变化

改革开放以后，阶级斗争的弱化乃至消失对农村和农民产生深刻的影响。随着市场经济的不断深化和对外开放程度的不断扩大，城乡二元结构所形成的铜墙铁壁已被打破，这一进程推动了农村社会结构、人际关系和文化思想等方面的根本性转变。新中国成立后的20多年，由于"左"倾思想和苏联模式的双重影响，我国的社会主义经济建设与商品经济的发展出现了明显的脱节，发展社会化大生产使广大农民越来越严

---

[1] 中央书记处农村政策研究室资料室. 中国农村社会经济典型调查：1985年［Z］. 北京：中国社会科学出版社，1987：38.

重地被束缚在狭窄的耕地上,逐步形成了城乡分割的二元结构并逐步强化。农民想要脱离土地,走出农村另觅出路成了天方夜谭。党的十一届三中全会提出要走共同富裕之路,实行改革开放,放弃了"以阶级斗争为纲"的方针,确定了把党和国家的工作重点转移到社会主义现代化建设上来的战略决策,阶级斗争弱化乃至消失,城乡分割二元结构的铜墙壁垒被逐渐破除,长期以来坚如磐石的社会结构、固化的阶级阶层被撼动。20世纪80年代的村民自治是真正建立在普选权的民主基础上的,这种转变对农民产生了深远的影响,成为村民自治在农村广泛推广的社会基础,使得每个人都能够平等地享有政治地位和权利,从而打破了长期以来固化的阶级阶层,为村民自治提供了更加广泛的民主和群众基础。随着社会主义市场经济发展而出现的新情况和新问题不断增加,特别是农村各种利益关系日益复杂,人们越来越感到要实现共同富裕,必须进行制度创新。

二、村民自治组织的建立

伴随政治环境的宽松、物质基础的坚实、农村阶级成分的取消和高考制度的恢复,农村社会结构发生了显著变化,这些因素为村民自治的形成提供了有利条件。中国农民发挥其独特的创造力,自发地建立起了自己管理自己的群众性自治组织——村民委员会。1982年,《中华人民共和国宪法》规定村民委员会是基层群众性自治组织。1983年10月,随着对村委会性质的界定和政社分开通知的发出,全国各地被要求普遍开展建立村民委员会、实行村民自治的试点工作。到1985年5月,全国各地在建立乡政府的同时,村民委员会在全国范围得以建立。一些地方开始了对直接民主选举的探索。

(一)第一个村委会成立

"村民自治"是中国农村社会发展的一项重大举措,有关"村民自治"的源头,学界普遍认为发端于1980年广西的宜山县和罗城县。其中宜山县合寨大队果作村村民委员会有"中国第一个村委会"的美誉。在实行土地包产到户以后,由于社会管理体制不健全、社会管理秩序混乱、社会治安问题恶化,当地农民在乡村社会的管理模式上进行了一系列的尝试和创新。合寨村地处三县交界,下辖12个自然村,推行土地包产到户后,合寨村基层组织基本处于"麻痹"状态,社会秩序异常混乱,社会治安问题日益突出,对当地农民的日常生产、生活造成极大的冲击。因此,果作村的村民带头进行了一次"群众运动",以求找到解决问题的出路。1980年初,时任果作村生产队队长的韦焕能组织其他干部商量建立新组织的问题,讨论一致同意把新组织的名称定为"村民委员会",规定村民委员会成员由村民选举产生。1980年2月5日上午,果作村召开了全屯选举大会,经过85名户代表无记名投票选举出5位村委会成员,按得票多少确定了职务。韦焕能当选村民委员会主任,另外4人当选为委员。[①] 为保证新的机构能够更好地发挥其功能,成立后他们便开始着手制定管理章程和村规民约。这份实行自我管理的村民自治文献对于乡村社会的发展具有重要的指导作用,它标志着乡村社会基层民主建设的初步发展。这份村规民约的制定过程及其所规定的内容在某种程度上体现了果作村村民委员会管理和运作的民主性和规范性。果作村村民委员会建立后,当地农村社会治安问题迅速好转,社会秩序也随之得到改善。果作村村民委员会的成立,标志着中国农村政治体制变革的开端,开启了中国农民自治的先河,它突破了传统"强制管理"制度的缺陷,体现了"民主自治"的精神。

(二)村委会的普遍建立

果作村村民委员会是全国第一个群众自发自愿建立起来的村民自治

[①] 米有录,王爱平.静悄悄的革命:中国村民自治的历程[M].北京:中国社会出版社,1999:210.

组织，此后，全国其他地方村民委员会则普遍是在国家行政力量的推动下由基层逐步组建而成。

十一届三中全会以后，基层民主逐渐成为重要的政策话语。1981年通过的《关于建国以来党的若干历史问题的决议》将逐步建设高度民主的社会主义政治制度，作为社会主义建设的根本任务之一。党的十二大再次重申建设高度的社会主义民主，是我们的根本目标和根本任务之一。虽然这两个文献都没有出现"村民自治"的表述，但基层社会"人民的直接民主"和"群众自治"的提法为探索包括"村民自治"在内的各种基层民主形式实践提供了理论支撑和政治保障。农村实行土地包产到户后，生产大队只剩下一个空壳，如何填补公共管理的真空，成为各级党组织和政府所要思考和处理的最实际的问题。1982年，时任全国人大常委会副委员长的彭真对这一问题给予了高度关注，在他的主持和推动下，宪法把建立村民委员会写了进去，其明确规定农村按居民居住地区设立的村民委员会是基层群众性自治组织。这意味着国家层面已经把村民委员会定性为群众性自治组织。1983年6月，已改任全国人大委员长的彭真强调，"在城乡按居民居住地区设立的居民委员会、村民委员会，是具有中国特色的基层群众性自治组织。它们作为人民群众自我教育、自我管理、自我服务的组织，办理公共事务和公益事业，调解民间纠纷，协助维护社会治安。这些工作中有许多由它们来做比由政权机关来做更适当、更有效"[①]。自此，基层群众的自治组织——村委会有了法律依据和宪政基础。

1983年10月，中共中央、国务院发出的《关于实行政社分开建立乡政府的通知》中对村民委员会的性质、设立、职能、产生方式等问题做出明确规定。在此前后，全国各地开展了建立村民委员会、实行村

---

① 彭真委员长的讲话 [EB/OL]. 中国政府网，2008-03-12.

民自治的一系列试点工作。江苏省江宁县于1982年5月启动建立村民委员会试点工作。以生产大队为基础设立村民委员会，规定村民委员会是群众性自治组织，在乡人民政府领导下进行工作。村民委员会由群众直接选举产生1名主任，4名治保、民政调解、民兵、妇女等委员。与此同时，成立以生产大队为单位的村组，由生产队队长兼任小组长。村民委员会建立后，生产大队作为全村集体经济组织，负责本村的生产管理工作。江宁县在成立村委会后，为防止村干部人数太多，实行村党支部书记、村委会主任、生产大队大队长等由专人担任，其他干部交叉任职。① 1983年3月，位于上海市嘉定县（今嘉定区）的马陆公社在原行政区划和规模不变的基础上，进行了人民公社体制改革，建立了乡人民政府，改生产大队为村，大队党支部改为村党支部，按原大队区划范围建立村民委员会作为群众性的自治组织，同时保留生产大队作为群众集体所有制的合作经济组织。村民委员会由村民选举产生，设主任1人、委员2人，下设人民调解委员会、治安保卫委员会和公共卫生委员会，委员会一般由3人组成，主任委员分别由村民委员会委员兼任，委员在生产队干部中产生。同时在生产队建立村民小组，小组长一般由生产队队长担任。② 1983年5月，浙江省兰溪县（今兰溪市）在蜀山公社进行撤社建乡的试点工作。在建立乡政府的同时，将原生产大队改为村，召开村民大会，选举产生正副村民委员会主任和委员，建立村民委员会。村民委员会的人数根据各村的规模大小略有不同，一般由三至七人组成。村民委员会下设一些相关的委员会，并根据村民居住状况，分别建立若干村民小组。他们将村委会的性质定位为"基层群众自治组织"，其具体职责是"办理本村的公共事务和公益事业，调解民事纠纷，协助乡政府维持社会治安，向乡政府反映群众的意见、要求和提出建议，

---

① 焦村大队建立了村民委员会［N］. 城乡基层政权建设工作简报，1982（7）.
② 中国社会科学院农业经济研究所. 农村人民公社体制改革调查［R］. 1984：28.

组织和发动群众制定和遵守村规民约，促进两个文明建设"①。1983年11月，辽宁省沈阳市于洪区大青乡在撤社建乡时，选择大青村作为建立村民委员会的试点。在乡政府的支持下，大青村建立了村民委员会。同时，生产大队作为经济组织，名称不变。村民委员会以生产队为单位，划分为4个村民小组。村民委员会建立后，制定村规民约，很快使村风村貌有了改观。就全国范围来说，各地高度重视建立村民委员会的工作，把它作为一项重要内容来抓。例如，山东建立了村民委员会检查验收制度。济南市对已建立的村民委员会进行认真分析，为确保质量，区别不同情况，提出了具体要求，规定凡在建村中宣传发动深入、真正发扬民主的，要抓紧建立岗位责任制和各项规章制度，对那些建村过程中没有实行民主，只是走形式，没有充分考虑到人民群众意志的，都要再次进行换届。与此同时，要求正在建村的单位，要高标准严要求，确保每一次建设都能顺利完成。1983年10月之前，撤社建乡和建立村民委员会都处于试点阶段。随着《关于实行政社分开建立乡政府的通知》的发出，到1983年底，全国各地共建乡22897个（其中民族乡233个），同时建立村民委员会17.1万多个。到1984年2月，全国已有536个县完成了建乡和建立村民委员会的工作。②

到1985年5月，随着全国各地实行政社分开，建立乡政府、生产大队改为村民委员会的工作基本完成，全国范围内建立村民委员会的工作也基本结束，村民委员会得以普遍建立。

（三）民主选举的初步探索

在推行"村民自治"初期，大多数村委会的选举程序缺乏规范性，导致村委会成员的产生往往是由上级委派或间接选举而来。这些做法严

---

① 中国社会科学院农业经济研究所. 农村人民公社体制改革调查 [R]. 1984：283.
② 按照宪法规定实行政社分开 [N]. 人民日报, 1984-02-15.

重损害了广大农民群众对民主权利的维护和支持。鉴于初期的"村民自治"仍处于起步阶段，首要任务是确立完善的村民自治组织——村民委员会。在全国农村普遍建立村民委员会的背景下，村民自治组织的全面建立为推进自治提供了最基本的组织保障，并为后续的村民自治活动奠定了坚实的组织基础。尽管当时确立了村民委员会的法律地位并规定了其性质，极少数地方开始探索民主选举村委会成员，但实际上大多数村委会选举存在着不规范、随意性强的问题，上级政府指定和任命村民委员会成员的情况仍然普遍存在。总体来讲，中国的村民自治水平还很低，存在着各种各样的缺陷和不足，这些问题的出现及解决有利于村民自治的进一步发展与推进。1986年9月，中共中央、国务院发出《关于加强农村基层政权建设工作的通知》，要求各地采取措施，解决一些地方村委会组织不健全，处于瘫痪或半瘫痪状态的问题。各地要进一步优化农村党组织、政府和企业之间的关系，以达到更高效、更协调的效果。在政社分离的背景下，乡党委应当以党章规定和党政分工要求为指导，全力推进党的路线、方针、政策的贯彻执行，加强基层党的思想建设和组织建设，强化对共青团、妇联和民兵的领导，深入开展对农民群众的政治思想教育，以促进党风和社会风气的稳定和改善。

三、村民自治的逐步深化

自果作村村民委员会成立以来，其所开展的村民自治活动一直处于缺乏相关法律或制度保障的实践层面。在全国各地普遍建立村民自治组织以后，村民自治活动充分开展，然而村民自治的进一步发展迫切需要法律和制度来保障村民自治活动的顺利进行。

（一）村民自治制度化推进

为顺利推进基层民主制度化建设和村民自治的健康发展，需要对村民自治活动进行规范和加强管理，1987年11月，全国人大常委会通过的《中华人民共和国村民委员会组织法（试行）》［以下简称村组法（试行）］弥补了我国在基层村民自治初期法律制度建设的不足，为开展村民自治活动提供了法制基础。随后，各地开始进行推动村民自治试点的工作，相关的建章立制工作也随之推进，同时对村民委员会民主选举模式进行了探索。

1. 村组法（试行）的颁布

村组法（试行）是一部较为全面系统地规范村民委员会组织、充分反映农村基层政权"自治"精神的法规。村组法（试行）的颁布是我国乡村社会民主发展的一个重要历史转折点，为乡村社会的发展打开了新的局面，开辟了村民自治建设发展的新阶段，标志着我国村级组织建设和基层自治工作朝着法治化的方向迈出了重要一步。村组法（试行）的贯彻实施备受各地重视，多个省份纷纷出台实施办法，并发出通知，要求认真组织对该法律的宣传、学习，并开展试点工作。在试点过程中，一些省份选择了具有较高工作基础的村民委员会作为试点，以此获得宝贵的实践经验。同时，部分省市还结合本地实际情况，制定或修改了相应的地方性法规和规章。尽管村组法（试行）得到了中央层面的大力支持和推动，并得到了一些省份的积极响应，但在实施过程中仍遭遇了不少阻力，一些地方甚至持反对态度，导致一些省份迟迟未能制定出具体的实施方案。

2. 村务公开制度的初步建立

村组法（试行）颁布实施后，在全国范围内开展了村民自治的试点工作，相应的建章立制工作也得到了进一步的发展。一些地方在探索民主选举的基础上，建立了村务公开制度和村民代表会议制度，并逐步健全完善了村民自治章程和村规民约，为具体实践过程中的村民自治提供了制度保障。村务公开是把决策涉及本村公共事务的过程与实施情况向村民公开并接受监督的一种民主行为。村民委员会办理本村的公共事务和公益事业所需的费用，经村民会议讨论决定，可以向本村经济组织或向村民筹集。收支账目应当按期公布，接受村民和本村经济组织监督。这样的规定能为村务公开提供法制保障。在此基础上，部分地区逐步建立村务公开制度，实行"村务公开"，并将"村务公开"的范围从财政领域扩展到其他公共事务领域。

3. 村民代表会议制度的探索

村民代表会议制度是由村民代表组成"村代表大会"，定期召开会议，讨论村中的重大问题，管理本村的事务，监督村干部的制度。[①]因早期村民会议流于形式，没有发挥其应有的作用，人们在自治过程中创造出了村民会议的替代形式——村民代表会议。在一些地方纷纷进行探索后，全国各地逐渐建立了村民代表会议制度，1994年上半年，一些省份民政厅上报的数据显示，全国农村至少有50%以上的村建立了村民代表会议制度。村民代表会议制度是一项比较切合中国农村实际情况，以民主为前提，充分反映村民意志的制度，保障了农村公共事务决策的科学化和民主化。这种制度的推行，将乡村中的多种错综复杂的利益联系逐渐梳理清楚，使得乡村社会的运行机制处于一种良性互动状态，并能够依据现实状况适时调整相关政策。这样的体制有利于维护社会各阶层的权益，其体制的确立与实施对促进农村村民自治具有显著的积极意义。

4. 村民自治章程的探索制定

村组法（试行）只是一部村民委员会组织法，并非专门的"村民自治法"，尽管它对全国范围内的村民自治具有基础性的指导作用，但随着村民自治活动的深入，各地村民自治状况仍存在较大差异，因此，亟需一个更全面细致的村民自治法规对基层民主实践进行规范指导。许

---

① 中国农村村民代表会议制度[R]. 北京：中国社会出版社，1994：1.

多地区根据村组法（试行）的基本精神，在探索基础上逐步形成了一套具有本土特色的关于村民自治的法规、规章。山东省章丘县率先进行了试点，该县通过调查研究，推行村级基础工作规范化管理，这种有益的探索为村民自治章程的制定奠定了基础。通过村级工作规范化管理，章丘县农村出现了社会安定和谐、经济发展的新形势，被评为"全国粮食生产、棉花生产、计划生育、体育工作先进县"和"全省普法教育、综合治理先进县"。

5. 部分省级村委会选举法规的制定

村民自治的基础和前提在于村委会选举，只有在选举产生自治组织的情况下，村民才能获得自我管理的机构载体。由于缺乏对村委会选举制度的规范，许多地方的村委会选举往往简单随意，依赖行政任命，未能达到直接民主选举的标准，也未能体现自治的精神，更缺乏足够的程序约束。这些问题严重影响了农民群众行使自己的民主权利。村组法（试行）中所规定的村委会选举原则过于笼统，缺乏实际可操作性，难以为各地的民主选举提供具体的指导和规范。因此，许多村落都希望能有一部关于村委会选举的地方性法规来保证自己的选举工作顺利进行。在此情形下，确立村委会选举的规章制度是刻不容缓的。全国第一部省级村委会选举法规是1990年12月26日福建省人大常委会通过的《福建省村民委员会选举办法》（以下简称福建省选举办法）。在福建省选举办法颁布后的数年间，全国范围内相继出台了选举规定，为村委会选举建立了章程和制度，掀起了一股选举热潮。总体说来，各地基本上都是以福建省选举办法的内容框架为基本架构，许多规定几乎相同。尽管在这一时期，村委会选举的法制建设取得了重要进展，但相较于村组法（试行）实施办法的制定，其仍有很大的提升空间。由于选举法规建设的不足，村民自治的推进受到了法制保障不足的限制，这导致各地选举实践的发展不平衡和不规范。

总之，村组法（试行）后，村民自治试点已在各地陆续启动，村务公开制度、村民代表会议制度初步确立，在村委会实行直接民主选举方面做了一些尝试，村民自治达标示范工作顺利开展。在推进达标示范活动的过程中，村务公开制度、村民代表会议制度和村委会民主选举制度逐步完善，使农村基层民主步入一条更加健康、良性发展的道路。这些规章制度不断健全，村委会选举模式不断创新和超越，村民自治活动深入发展。

（二）村民自治的实践完善

1998年，中共十五届三中全会将进一步扩大基层民主、保障村民直接行使民主权利、全面推进村民自治作为跨世纪的发展目标。此后，各地纷纷抢抓机遇，重点推进村委会民主选举制度和村务公开制度的建设。通过几年来的实践探索，基本建立起与社会主义市场经济相适应的农村基层政权组织形式，村务公开和民主选举已逐渐走向制度化轨道，制度建设和民主管理不断得到规范和创新，村民自治等理论也在不断的实践中得到丰富发展。

1. 村务公开民主管理规范推进

《中华人民共和国村民委员会组织法》（以下简称村组法）在全国各地正式实施后，村民委员会、村民会议和村民代表会议等组织形式及相关工作规程进一步规范，"四个民主"深入推进，村务公开、民主管理等各项工作在制度建设和实践上都有所创新。全国各地积极抓住机遇，全面推进村务公开和民主管理工作，制度体系日渐完善，探索创新持续深入，宣传教育逐步深化，领导指导力度不断加大，工作载体趋于丰富，实践成效日益显著。

（1）政策法规体系进一步完善

农民民主权利的实现首先依赖于健全的法律和制度，而这也是搞好村务公开和民主管理的基础前提。近年来，全国各地村务公开和民主管理的政策法规体系已经初步形成,多层次、内容广泛、程序明确的制度建设力度不断加强。2004年,中央层面颁布了17号文件,其中详细规定了如何维护农民的知情权、参与权、管理权和监督权。2007年,全国人民代表大会发布的物权法规定,农村集体经济组织有责任向其成员公开集体财产状况。每一个涉农部门都应根据其职能制定相应的政策,并实行公开透明的民主管理。近年来,随着社会主义新农村建设的推进和村民自治进程的加快,各地根据当地的实际情况制定和执行了多项制度和措施。比如,人口计生委、民政部、中国计划生育协会出台了《关于加强和完善村级计划生育民主管理和民主监督的意见》,农业农村部、民政部、财政部、审计署制定了《关于推动农村集体财务管理和监督经常化规范化制度化的意见》。这些规范性文件都是针对目前我国农村基层民主建设中存在的问题而提出来的。此外,全国29个省(自治区、直辖市)制定出台了村民委员会组织法实施办法,7个省制定了专门的《村务公开工作条例》,以地方性法规的形式规范村务公开民主管理。中央17号文件下发后,各省普遍制定了推行村务公开民主管理工作的具体政策文件,涉及村级组织的工作细则、重大事项的决策程序、财务规范化管理、村干部的监督和评议、追究责任的方法、村务公开、民主管理、督察考核的各项工作。这些制度规定为农村民主法治建设提供了基本依据。地方党委政府在市、县、乡级层面,根据当地的实际情况,制定了更具可操作性的规章制度。各级党组织把开展好农村村务公开作为加强农村基层党建工作的重要举措来抓,积极采取措施,认真抓好落实。

(2)农民民主权利进一步落实

党的十六大召开以来,村务公开民主管理法律政策进一步贯彻落实,村民自治体制日渐完善,村民的知情权、参与权、决策权、监督权得到了进一步落实和保障,农村基层民主建设取得新进展,农村社会政治生活呈现出积极和谐稳定发展的新局面。自治组织建设方面，村委会干部多数成员能够牢记选举时对选民的承诺，勇于奉献，为民服务，发挥了带头人的作用。民主评议村干部方面，各地积极探索实行"双向互评"制，有效地推动了村级干部队伍建设，促进了农村社会和谐稳定。此外，多数村民代表能够联系村民，参与决策，及时反映村民的诉求，保障了村民代表会议作用的发挥。这些村民代表直接行使民主权利，成为推动农村改革发展稳定大局的一支重要力量。农村社会管理体制方面，村级党组织领导下的基层群众自治得到进一步发展。村务公开监督小组和村民民主理财小组在推进村务公开和加强财务民主管理方面发挥了不可或缺的作用，为村民提供了有效的监督机制。民主决策方面，随着决策程序的逐步规范化和"两委"联席会议制度的逐步建立，村民参与涉及村民利益的重大事项的决策逐渐增多，而少数干部决策或盲目决策则逐渐减少。民主管理方面，绝大多数农村制定了村民自治章程或村规民约，以确保实施民主管理的制度化和规范化。民主监督方面，村务公开制度得到广泛推广，大部分乡村地区都设立了公开栏，村民可以通过多种方式来实现自身的知情权。在此基础上，村民大会、村党支部书记会以及村民代表大会不断落实发展。村委会向村民会议和代表会议报告工作，同时也建立了村民监督小组和理财小组，民主评议干部、民主评定村干部报酬、干部任期或离任审计、村民罢免干部等监督制度不断落实完善。

2. 农村社区建设创新实践

2005年，中共十六届五中全会明确提出了"建设社会主义新农村"的战略任务，为破解"三农"问题指明方向。2006年，中共十六届六中全会明确提出开展农村社区建设，试图探索出一条加强和创新农村社会管理的新路，破解社会主义新农村建设中村民自治、基层民主建设所面临的挑战。新农村建设战略的提出与农村社区建设的推进，为村民自治的活跃和深化提供了契机，有助于推动农村基层民主向更深层次发展。

(1) 农村社区建设的实践意义

农村社区建设主要是指以行政村为地理区域，在党和政府的领导下，动员各方面力量，整合社区资源，强化社区功能，解决社区问题，合力构建管理有序、服务完善、文明祥和的新型农村社会生活共同体的过程。农村社区建设是贯彻科学发展观和落实社会主义新农村建设战略，构建农村和谐社会的重要组成部分。在这种精神指引下，各地区纷纷着手进行农村社区建设的实践探索，广大地区兴起了一股以创建文明和谐村庄、美丽乡村和和谐社区为目标的新型村社共建热潮。我国目前正处于社会转型时期，随着社会主义市场经济体制的逐步建立和不断完善，农村经济发展进入新阶段，农村社区也随之产生并日益成为影响农民切身利益的重要因素。农村社区建设是新时期社会主义现代化建设中一项十分重要的战略任务，也是推进我国城镇化进程、全面建成小康社会的重要途径之一。农村社区建设相对于过去以管理为主的村民自治而言，以突出服务和保障为主。其根本目的是提高农村居民的素质和能力，使他们能够适应新形势发展的需要，实现自身全面协调可持续发展，从而推动我国社会主义现代化进程。村民自治是农村社区建设的社会基础，农村社区建设是村民自治的拓展与延伸。村民自治制度的推行，需要农村社区建设的支撑，农村社区建设的开展，又提升了村民自治制度的质量和水平。建设农村社区，是为了实现与村民自治的有效对接，促进民主选举、民主决策、民主管理和民主监督的落实，使村民自治制度能顺利延伸、拓展和深化。[1]

---

[1] 民政部基层政权和社区建设司. 全国农村社区建设工作座谈会资料汇编 [G]. 2007 (3): 310.

（2）农村社区建设的实践成效

以中央为指导，各地纷纷着手进行农村社区建设的探索实践，取得了良好的成效。对农村社区建设的探索实践有效推动了农村基层民主的发展与进步，农民政治权利得到有效维护，极大地推动了社会主义民主政治建设和现代化建设。具有代表性的是浙江省武义县履坦镇杨岸村在村两委的带领下，按照"村美、户富、班子强、风气正"的基本要求，坚持物质文明、精神文明、政治文明齐头并进，取得显著成效。杨岸村遵循农村现行管理体制不动摇，依据村庄经济实力，组织农村社区建设工作。通过整合资源，建立起适应市场经济条件，有利于村民自治的新型农村社区管理模式，实现了由传统乡村向现代城市社区转变，有效解决了城乡二元结构带来的诸多问题，推动了经济社会全面协调可持续发展。另一典型是湖北省秭归县杨林桥镇，从2003年开始，该镇立足于自身实际，积极开展农村社区建设工作，以创新村级组织设置为突破口，着力探索符合农村经济发展形势、民主政治要求的农村政治经济新秩序，开创了农村工作新局面。[1] 自党的十六届六中全会提出开展农村社区建设以来，在中央的正确领导和大力扶持下，在广大农村居民的积极参与下，农村社区建设的实践范围逐步拓展、实践方式不断丰富、实际效果日益明显，初步探索出一条加强和创新农村社会管理的新路。随着村民自治的不断深化，村民的各项权利得到保障，民主选举在全国范围内全面推行，各项民主制度建设逐步规范化，民主管理方式也在不断创新。同时，农村基层组织结构进一步优化，村干部配备趋于合理，村党支部领导地位不断巩固，村级权力配置更趋合理化。农村社区建设的发展，推动了农村各项经济社会事业的全面发展，强化了村级组织的服务功能，提升了村级组织的管理水平，促进了基层民主自治向良性方向

---

[1] 民政部基层政权和社区建设司. 全国农村社区建设工作座谈会资料汇编 [G]. 2007 (3): 163.

发展。

四、村民自治的全面提升

中共十八大后,"全面深化改革,推进国家治理体系和治理能力现代化"命题被提上议事日程,我国国家和社会的治理模式步入了一个崭新的历史发展阶段。[①] 随着农村现代化的不断深入推进,乡村治理进入了一个强调以顶层设计调整乡村治理政策的阶段,尤其重视治理模式的变革。这既是时代赋予我们的历史使命,又是对传统村落文化传承与创新的必然要求。诚然,村民自治作为乡村治理核心和主体框架,必须进行相应变革。正是在此背景下,中共十八大和十八届三中全会都提出了协商民主的理念,以村民自治为架构,把协商民主理念植入基层民主建设,使协商民主和选举民主有机结合起来,给基层民主建设带来新的民主实践形式,以达到乡村治理现代化的目的。2014年和2015年,两个中央一号文件均提出要探索村民自治有效实现形式,各地以中央文件精神为指导,开展了对村民自治有效实现形式的探索与实践。2017年,党的十九大提出要加强农村基层基础工作,健全"自治、法治、德治"相结合的乡村治理体系。2018年,中央一号文件将塑造"治理有效"的新时代乡村治理体系定位为夯实乡村振兴战略的基础,为未来一个时期我国乡村治理的理论创新和实践探索指明了方向。2019年,中央一号文件要求完善乡村治理机制,保持农村社会和谐稳定。2022年,党的二十大报告指出:"全面建设社会主义现代化国家,最艰巨最繁重的任务仍然在农村。坚持农业农村优先发展,坚持城乡融合发展,畅通城乡要素流动。加快建设农业强国,扎实推动乡村产业、人才、文化、生

[①] 杜飞进.中国现代化的一个全新维度:论国家治理体系和治理能力现代化[J].社会科学研究,2014(5):37-53.

态、组织振兴"。全面推进乡村振兴，有效治理是关键。因此，提升乡村治理水平是实现国家富强、民族复兴的重要保障。增强乡村治理能力就要发挥群众在治理中的主体作用，不断健全"三治合一"的领导体制与工作机制，完善村级议事协商制度，推进村级事务公开，强化村级权力的有效监督。

（一）基层协商民主的探索

"全面深化改革，推进国家治理体系和治理能力现代化"命题的提出，意味着我国国家和社会的治理模式进入了新的历史发展阶段。在这一背景下，国家与社会关系发生深刻变革。乡村治理是国家治理的基础，也是具体治理的实践场域，地位举足轻重。当前我国农村经济快速发展，农民生活水平不断提高，但由于城乡二元结构体制以及传统文化等因素的制约，乡村治理面临着诸多困境。乡村治理要实现现代化，必须依靠村民自治这一基层民主政治建设的推动，在此背景下，中国共产党与时俱进，在推进基层民主和乡村治理现代化实践进程中引入了协商民主制度。从我国的实际情况来看，协商民主具有丰富内涵，对于推动乡村治理现代化具有重大意义。党的十八大首次确立了协商民主理论的地位，十八届三中全会《决定》指出，要"开展形式多样的基层民主协商，推进基层协商制度化"。《决定》要求以协商民主与选举民主有机融合为基础，提供一种新型民主实践形式。通过积极探索村民自治的有效实现形式，加强协商民主在农村民主建设中的作用，解决乡村民主治理危机，推动乡村治理现代化进程。

1. 对协商民主的现实诉求

十八届三中全会提出："全面深化改革的总目标是完善和发展中国特色社会主义制度，推进国家治理体系和治理能力现代化"。乡村治理作为国家治理的基石和具体实践领域，是国家治理不可或缺的重要组成部分，只有实现了乡村治理的现代化，才有可能从根本上推进整个国家治理的现代化。为确保现代乡村社会治理体制的健全，必须高度重视完善乡村协商民主机制的建设。当前我国农村基层民主法治建设严重滞后于经济发展水平。作为一种重要的村民自治手段和形式，乡村基层协商民主的目标是推动公民有序参与政治，并探索实现村民自治的有效途径。通过实行乡村基层协商民主，可以激发农民的主体意识和参与公共事务管理的热情，同时提升他们的公共精神。在当前新农村建设中，必须充分发挥乡村基层协商民主的作用，通过运用协商民主的机制，实现乡村内部权力的平衡和利益的协调，从而提升村级组织的运营效能，促进乡村的良性发展。随着我国社会主义市场经济的快速发展和城市化进程的加快，农村地区发生了一系列深刻的变化，这些都对农村基层民主决策机制产生影响。为了适应当前乡村社会的新发展和新变革，我们需要在村民自治的框架下将协商民主理念有机融入农村基层民主建设中，以实现协商民主和选举民主的无缝融合，从而为广大村民提供一种全新的民主实践形式。

2. 基层协商民主理论的提出

作为协商民主形式之一的基层协商民主是在极其复杂的境况下提出的，基层协商民主是村民自治的重要手段与形式，是对村民自治有效实现形式的探索。2012年，十八大报告首次提出并系统论述了健全社会主义协商民主制度，并在此基础上确定"社会主义协商民主制度"概念，进而对"健全社会主义协商民主制度"进行规划和部署。强调"社会主义协商民主除了具备协商民主的一般含义外，还具有不同于其他协商民主的特殊规定性，也就是在党的领导下，社会各个政党、阶层、团体、群众等，就共同关心或利益相关的问题，以适当方式进行协商，形成各方均可接受的方案，做出决策或决定，以实现整体的发展"。党的十八大首次确立了协商民主理论的地位，党的十八届三中全会《决定》指出，要"开展形式多样的基层民主协商，推进基层协商制度化，建立健全居民、村民监督机制，促进群众在城乡社区治理、基层公共事务和公益事业中依法自我管理、自我服务、自我教育、自我监督"①。党的十九大报告提出，加强协商民主制度建设，形成完整的制度程序和参与实践，保证人民在日常政治生活中有广泛持续深入参与的权利。党的二十大报告指出，协商民主是实践全过程人民民主的重要形式。在村民自治的框架下，将协商民主理念嵌入农村民主建设中，实现协商民主与选举民主的有机融合，有利于村民自治走出困境，有效解决乡村基层民主发展中的治理危机，实现乡村治理现代化，进而实现国家治理现代化。

3. 基层协商民主的实践

尽管协商民主是十八大后确立的民主政治建设制度，但在此之前，一些地方已经开始了对基层协商民主的探索和实践。十八大后中央方针和政策的指导使得对这种民主形式的探索与实践进一步完善和成熟。具有代表性的有浙江象山县推行的"村民说事"制度，形成"以党组织为核心引领，以'共商共信、共建共享'为原则遵循，贯穿'说、议、办、评'四大环节于始终，集民意疏导、科学决策、合力干事和效果评估为一体，实现干群和谐、社会稳定、村庄发展互促共赢"的现代农村基层治理制度体系。②"说"即立足农村实际，因地制宜通过上门说、现场说、会上说、网上说等方式，引导村民表达意见诉求；"议"即每月通过党员大会商议、联席会议商议、代表会议商议、镇村联合商议等集思广益；"办"即以基层党员干部为服务主体，依托县、镇、村三级服务平台，为广大村民办家事、难事、发展大事；"评"即把民意

---

① 中央政策研究室. 十八大以来重要文献选编：上 [M]. 北京：中央文献出版社，2014：528.
② 余晓叶. 浙江象山县开创"村民说事"治理模式推动"三治融合" [EB/OL]. 浙江新闻官网，2020-09-21.

评价作为干部考评的重要内容,把村级权力运行公之于群众监督之下。由此打造了党建引领"三治融合"的乡村治理新样本。此外,四川成都市村民议事会制度、浙江绍兴诸暨市城乡协商民主制度等不断推进基层民主协商体系,持续赋能提升民主协商能力,增强乡村治理能力。

(二)"三治合一"乡村治理探索

党的十九大报告提出了实施乡村振兴战略,在农村基层民主发展方面用治理有效代替了过去的管理民主,对照社会主义新农村建设的总要求,变化还是相当大的,既有措辞表述的更新,也体现了内涵的深化和外延的扩大。管理民主主要体现在过程上,而治理有效重在落实,即治理落到实处与否。因此,如何治理有效是当前我国乡村振兴中的一个重要议题。以十九大精神为引领,各地区都在全面实施乡村振兴战略,开创共建共治共享的社会治理格局,健全和完善"自治、德治、法治"相结合的乡村治理体系,有的地方已经开始进行乡村治理模式新的探索。

1. 治理有效提出的背景

落实乡村振兴战略,关键是要强化乡村治理体系与治理能力现代化,作为国家治理体系重要组成部分,乡村治理处于国家治理的神经末梢,是其基础和实践场域。新时期乡村治理体系"治理有效"总目标的提出,主要是对近几年乡村治理实践的中心议题,即治理空转进行研究,是对2014年和2015年中央一号文件"探索村民自治有效形式"试点工作的科学总结和进一步发展。2018年,中央一号文件将构造"治理有效"的新时代乡村治理体系定位于夯实乡村振兴战略的基础,2019年,中央一号文件提出健全乡村治理机制,保持农村社会和谐稳定。这两个一号文件为新时期乡村治理理论创新与实践探索指明了方向。从现实来看,当前我国乡村面临着城乡二元结构体制、资源环境约束以及市场经济体制不健全等多重压力,而这些因素在很大程度上制约着乡村治理效率与质量的提高。因此，突出乡村"治理有效"，是强调国家治理体系和治理能力现代化向改革的总目标推进的具体化。"治理有效"是对传统乡村治理理念、制度及方式等方面进行全面反思的结果，它与我国当前的经济发展阶段相适应，也反映了人们对美好生活的向往。"治理有效"是乡村振兴的社会基础，是新时代乡村治理新的目标追求和价值导向，是社会主义新农村建设要求之一的"管理民主"的新时代升级表述和要求，建设社会主义新农村强调"管理民主"，新时代则要求"治理有效"。"治理有效"应该体现治理手段和参与主体的多元化，即采取"三治合一"的乡村治理模式。"三治合一"的具体实践就是要实现村务决策、执行、监督三位一体，形成上下联动、内外协同、多方合作的良性互动机制。"三治合一"中自治是村民自主和民主参与的重要前提和制度安排，是乡村"治理有效"的重要制度基础。

2. 打造共建共治共享的乡村治理格局

党的十九大报告指出，实施乡村振兴战略，要加强农村基层基础工作，健全"自治、法治、德治"相结合的乡村治理体系。[①] 在国家推进城乡融合发展和全面建成小康社会进程中，采取以基层党组织为核心，自治、法治与德治有机结合的"一核三治"的治理逻辑，三者之间相互补位，构成乡村善治的基本体系。因此要实现乡村善治，彼此皆应向对方借力，形成三方有机互动，最终发挥合力作用。[②] 在此基础上，进一步推进国家—社会二元结构转型，构建新时代乡村善治新路径。目前我国农村社区仍然具备费孝通《乡土中国》中所称的"差序格局"这一基本特征。这种"差序化结构"不仅影响了乡村社会内部各主体间

---

① 习近平. 决胜全面建成小康社会夺取新时代中国特色社会主义伟大胜利[M]. 北京：人民出版社，2017：32.
② 庄龙玉，龚春明. 新时代乡村治理的理念与路径[J]. 西南民族大学学报（人文社科版），2018，39（6）：201.

关系的和谐稳定，也阻碍了国家政策对农村基层社会实施有效调控。在党的基层组织核心引导下，以"一核三治"为基本逻辑，实施村民自治是乡村善治的核心所在，而法治和德治则呈现出强烈的工具主义色彩和手段性特征。其中，自治是评估乡村治理成效的核心着力点，它为乡村善治提供了内在动力，进而激发了乡村自我再生的潜能，使其摆脱了对外部资源的依赖，实现了独立可持续的发展。法治对于维持乡村社会治理秩序具有重要意义，通过依法治理实现乡村善治，进一步强化现代法治的内涵。德治是乡村善治赖以维系的道德支撑，以培育村庄精神文化建设为基础构建良好社会秩序，主要通过强调如儒家仁、义、礼、智、信等基本原则，塑造乡村社会关系，增加乡村善治的人文色彩。在实践中，自治、德治、法治的有机结合主要通过加强社会治理制度建设来实现，完善党委领导、政府负责、社会协同、公众参与、法治保障的社会治理体制。推动社会治理重心向基层下移，发挥社会组织作用，实现政府治理和社会调节、居民自治良性互动，开创共建共治共享的社会治理格局。[①]

第二节　村民自治的成效与经验

在中国共产党的坚强领导下，勤劳的农民通过不断探索、实践和创新基层民主形式，构建了一个相对完备的村民自治组织体系和法律体系，从而保障了亿万农民直接行使民主权利，探索出一条具有中国特色的农村基层民主建设之路，形成了独具中国特色的基层民主发展方式和践行模式，极大地丰富了中国特色社会主义民主政治的形式。村民自治

[①] 习近平. 决胜全面建成小康社会夺取新时代中国特色社会主义伟大胜利[M]. 北京：人民出版社，2017：49.

的探索和实践成效显著，积累了极其丰富重要的历史经验，为进一步推进基层民主建设、推进乡村治理现代化提供了借鉴。

一、村民自治的成效

在长达40多年的探索和实践中，广大农村居民热情投入这场与自身权益息息相关且具有重要意义的民主实践中，从而推动了农村基层民主建设的长足发展。当前，我国农村社会经济条件发生重大变化，广大人民群众迫切希望通过制度设计与改革来解决"三农"问题，实现全面建成小康社会的宏伟目标。在我国的民主政治中，村民自治的成效显著，为政治发展注入了新的活力和动力。

（一）社会主义民主政治不断发展

村民自治是中国特色社会主义基层民主政治制度，是民主政治在广大农村的具体实践，是中国民主政治实践的基础和重要组成部分，对整个国家民主化进程产生重大而深远的影响。40多年来，我国在推进以"四个民主"为主线的农村民主建设中所采取的各项决策和措施，为我国政治体制改革的深入实施开拓了路径，提供了经验。特别是改革开放以来，随着党领导人民进行经济体制改革以及社会结构的变迁，农村民主建设取得了巨大成就。村民自治在实践的过程中创造出很多可在全国范围内推广的经验做法，它大大充实了社会主义民主形式和民主实践，促进了我国政治的不断发展、进步与完善。这些宝贵的历史经验和做法也给我们留下了深刻而有益的启示。通过采用村民自治这种民主表达渠道，为农民当家作主寻找出路和组织载体，让中国亿万农民获得和维护自己的民主权利，农民群众通过依法开展"四个民主"活动，使社会主义民主形式不断丰富，民主途径和渠道得到拓展，民主原则得到实现。从而使我国农村社会出现了前所未有的政治文明新气象，广大人民群众真正感受到了自己作为国家主人所获得的利益，充分享受到了参与管理、行使权利的快乐。这就为更高层次的政治体制改革在更多方面、更多领域与更深层次的推进与完善发挥了榜样示范作用，必将对中国特色社会主义政治的发展、政治体制改革的进程产生重大影响。

（二）村民自治法制保障不断完善

自 1982 年宪法将"村民委员会"定性为"基层群众性自治组织"开始，村民自治从此获得了国家法律体系确认的建构意义，成为我国村民自治推行的根本法律依据与宪政基础。1987 年，村组法（试行）的颁布实施，使村民自治开始步入规范化和制度化的运作与实践阶段，为村民自治的具体实践提供了法制保障。1998 年，村组法正式颁布实施，新增"四个民主"，既丰富了基层民主建设形式，又拓展了农村基层民主的内涵，村民自治进一步制度化、规范化。随后各地相继出台村组法实施办法或制定相关的选举办法，对村民自治具体运行程序和步骤进行规范细化。2010 年 10 月，修订后的村组法进一步完善了"村官"的选举和罢免程序，对村民代表会议的组成和议事程序做了更为细致的要求，使村民自治范围得到一定程度的拓展。2018 年 12 月，通过了最新修订的村组法，根据十九大精神和乡村振兴战略的要求，进行了一系列与时俱进的调整和修订，其中包括将村干部的任期从三年延长至五年等措施，以保持政策执行的连贯性和一致性。在这一过程中，党领导下的基层党组织发挥着不可替代的重要作用，是实现村民自治的关键和保障。在我国基层民主建设的法制规范方面，经过 40 年的实践和发展，现已形成了以宪法为母法，村组法为主体框架，其他法律制度为辅助的村民自治法律体系，为社会主义基层民主政治建设的发展提供了基本的制度保障。同时，随着时代的演进和社会的变迁，宪法和村组法不断得到修订，以确保村民自治的规范性和多样性相互融合，从而确保对这种制度的革新、探索和发展始终不会偏离正确方向，使之沿着法制化的轨道前进。

(三) 基层民主实践不断规范

历经40多年的发展，以"四个民主"为主要内容的村民自治这种基层民主实践在广大农村取得了巨大成就，对我国社会主义民主政治建设与社会稳定发挥了极其重要的推动作用。总体上看，中国农村村民自治的制度体系已基本建立，各项制度日趋完善，形式更丰富多彩，机制能够不断创新和突破，基本实现了村民享有自治权。自村组法正式实施以来，以"三个自我"和"四个民主"为根本核心的基层民主形式逐步深化，民主实践得以有序推进，各项确保农民民主权利的民主机制探索与实践不断推进、完善。民主选举是村民自治的基础与前提，是实现村民民主权利最鲜明的体现。改革开放后，特别是实行社会主义市场经济后，农村基层民主选举开始起步并迅速发展起来，成为推动新时期农村社会经济文化建设和全面建成小康社会进程中不可缺少的重要环节。随着基层民主实践不断深入推进，民主选举在全国范围内得以广泛实施且日益规范化、制度化，选举程序日益规范且选举形式呈现多样化发展趋势。村级事务的民主决策逐渐走向科学化和规范化，并取得了一些显著的进展。决策机制在实践中不断创新，村民的民主决策权和话语权得到了一定程度的实现。民主管理制度逐步完善，村务民主管理工作取得实效，民主程度随着实践的推进不断提高。大多数农村基本上制定了与本村实际相符合的村民自治章程、村规民约等各项规章制度。民主监督体制机制不断创新，有效发挥了对村民自治组织及成员的监督约束作用。

(四) 村民民主意识和法制观念不断增强

培育农民具有现代意义的参与意识、政治意识与法制意识，是推进农村政治文明建设不断发展、加快社会主义政治现代化建设不断前进的重大课题。经过40余年的发展，村民自治已成为最广泛的民主实践之一。广大农村群众的法制观念、法治意识和参政议政能力得到了显著提升,依法办事、按章理事的观念也逐步被民众所认同。特别是自实行村务公开以来,村务管理透明度明显提高。在村委会选举中,选民对公开、公平、民主和自愿的选举方式给予了高度评价和赞赏,这种民主和自由的理念已经深入人心。通过村民自治的良性发展,不断提升农民的民主素养、参与意识和政治素养,为实现更高层次的政治文明建设奠定了坚实的基础,并提供了可供借鉴的宝贵经验。

二、村民自治的历史经验

在过去40多年的村民自治实践中,我们深刻认识到坚持党的领导这一根本政治原则、人民当家作主的治理原则和依法治国的现代化路径、充分尊重农民首创精神和主体地位、循序渐进地推进农村基层民主建设等经验不仅巩固了我国社会主义民主政治建设伟大实践的基石,而且极大丰富和发展了马克思主义的民主自治理论和实践,为顺利推进农村基层民主建设和乡村治理现代化提供了有益借鉴。

（一）党的领导是村民自治发展最根本的政治保障

中国特色社会主义的最本质特征在于党的领导,它是确保人民当家作主的根本保障。农村基层党组织建设是党的建设新的伟大工程的重要组成部分,在推进国家治理体系与治理能力现代化过程中发挥着极其重要的作用。在党的十九大报告中,习近平总书记强调:"党政军民学,东西南北中,党是领导一切的。"在各项工作中,必须全面准确地贯彻落实习近平新时代中国特色社会主义思想中的一个重要原则,即在中国共产党的领导下,村民自治理论和实践的每一步推进都必须坚定不移地坚持党的领导,因为这是村民自治得以发展的政治前提和根本保障。农村基层党组织是党在农村全部工作和战斗力的基础,是团结带领农民群众贯彻党的基本路线,建设美丽乡村、构建和谐社会的战斗堡垒。为了确保农村地区社会的稳定和谐、经济的持续发展以及人民的安居乐业,我们必须坚定不移地以党的建设为引领。只有加强党对农村基层组织建设的领导权，才能使村级党组织发挥其战斗堡垒作用。村民自治的健康发展离不开党中央始终坚持正确的政治方向，只有以科学发展观作为指导，才能把我国社会主义现代化事业不断推向前进。中国共产党的坚强领导和对政治方向的精准把握，是推进基层民主不可或缺的关键因素。只有把党的领导落实到具体行动上，才能保证社会主义民主得到全面推进。在农村基层民主建设的进程中，只有党始终坚持正确的政治方向，才能避免村民自治的无序发展，避免其走向歧途。村民自治的可持续发展离不开国家力量的积极介入和高位推动，这是一个至关重要的保障。加强农村社会管理和服务，建立有效的利益协调机制，调动广大农民的积极性是当前推进农村基层政权建设、促进农业经济健康有序发展的关键一环。要实现基层民主的建设，必须激发广大农民的积极性和主动性，只有这样，国家才能成为推动民主化的强大力量。这就要求我们在进行农村基层政权和各项制度创新时，既不能忽视国家的强力推动作用，又不能削弱或淡化其基础性功能。自改革开放以来，中国农村基层民主改革实践的进程中，国家在高位推动方面发挥了重要作用，这不仅能够极大地促进大政方针的贯彻执行，同时也为农村民主建设注入了新的活力。在当代社会发展阶段上，国家与社会关系发生了重大变化，国家职能从经济领域向政治领域扩展。中国特色社会主义的最本质特征是中国共产党的领导，作为执政党和中国特色社会主义事业的领导核心，党通过政治、思想和组织三个方面的领导，全面实施执政施政。国家高位推动既体现了党和国家对基层民主建设工作的高度重视，又蕴含着深刻的理论依据与价值理念。在农村地区，由于其独特的历史和现实条件，必须以国家权威为主线，全面推进其发展。农村基层党组织作为党和政府联系广大人民群众的桥梁和纽带，是党和国家各项工作开展的重要依托，是我国实现乡村振兴的中坚力量。

（二）依法治理是村民自治发展的法理基础

全面依法治国是国家治理的基本方略，也是社会主义民主政治建设的基本要求。作为国家治理的基石和实践场域，乡村治理的顺利推进必须建立在法制保障的基础上。村民自治是乡村治理的主要方式和核心内容，村民自治制度的法理基础仍源于国家的立法赋权，国家以法律的形式对村民自我管理进行确认，并确定相应的权力机制，从而建构起村民自我管理的制度。1980年，广西宜山合寨大队成立第一个村民委员会，为中国农村基层民主政治建设奠定了基础。此后，一系列村民自治活动如村民代表会议、村委会主任述职大会等在各地相继展开，呈现出多样化的面貌。1982年，颁布的宪法对农民的伟大成就给予了充分的肯定，同时将"村民委员会"定性为"基层群众性自治组织"，成为村民自治得以在全国推行的根本法律依据，从此，村民自治有了宪政基础。1988年，随着村组法（试行）的试行，村民自治进入了规范化运作的新阶段，这为村民自治的具体实践提供了法律保障，同时也为农村依法自治开辟了新的道路。1998年，村组法正式颁布实施，推进了村民自治的制度化、规范化，使其运行有了更为规范的轨道可以遵循。2010年，修订的村组法扩大了村民自治范围，为促进农村社会稳定和发展农村基层民主提供了更加全面的法律保障。2018年12月通过了最新修订的村组法，其中新增了一些内容，比如，把村委会每届任期改为五年，以便与村党支部任期同步，从而保持政策执行的连贯性和一致性。

（三）充分尊重农民主体地位和首创精神

农村改革与发展的过程中，农民扮演着至关重要的角色，推动农村基层民主政治建设和发展，就必须始终坚持农民主体地位，尊重农民的首创精神和实践探索，以确保农民的根本利益得到切实维护。改革开放以来，我国农村基层民主革新进程中所取得的成就，无一例外是以广大农民的政治需求为基本导向，坚持倾听社情民意和村民意愿，坚持农民的主体地位，充分尊重农民群众的探索和创新精神，国家与农民之间形成了一种双向互动的格局，这种良性互动有助于基层政权的稳定。当前我国社会主义新农村建设正处于关键时期，随着城乡统筹发展战略的深入实施，农村经济社会发生着深刻变化，农村基层组织面临着前所未有的机遇和挑战。党和政府充分尊重广大农民群众的意愿，激发了农村内生的发展动力，从而为农民的自主性和创造性提供了有力保障。农民是社会主义新农村建设的主导力量，是构建和谐社会的主力军，是推进农村基层民主改革的中坚力量，是乡村治理现代化的推动者。坚持农民在农村基层民主发展中的主体地位，切实发挥他们的主体作用，尊重他们的首创精神已经成为中国村民自治探索与革新所坚守的基本原则与推行准则。在农村改革和发展的进程中，我们必须充分尊重和保护农民的创新精神，借助他们的力量，以确保农村社会的稳定。

（四）顺应农村经济体制改革是村民自治发展的动力

在国家经济体制改革的宏观背景下，中国农村的基层民主政治建设开始萌芽，并逐步发展和确立，伴随农村经济体制改革的推进不断健全、完善并逐步走向成熟。十一届三中全会使国家整体改革的核心内容转向了经济体制改革，这一变革使经济领域成为全面推进改革的主要实践领域。在广大农村地区，经济体制改革所带来的变化体现在农民与土地的关系上，通过实行包产到户政策，农村生产力得到了解放，同时也激发了农民生产的积极性、主动性和创造性，从而促进了农村经济社会的快速发展，为农村基层民主建设提供了坚实的物质基础。随着改革开放的不断深入，农村经济结构发生了翻天覆地的变化，大量农业剩余劳动力涌向非农产业，这对传统小农经营方式构成了前所未有的挑战，而家庭联产承包责任制度则是解决这一问题的最佳选择。农村经济体制改革以包产到户为主，为农民赋予了土地承包权和生产经营管理自主权，从而重构了中国乡村社会国家与乡村之间的关系。以中国共产党的基层组织为依托，以村民委员会为组织载体的村民自治模式不仅满足了农民行使民主权利的需求，同时也为农民参与村庄公共事务管理提供了机会，实现了与农村经济体制改革的完美契合和良性互动。目前，我国正在深入推进农村经济体制改革，重新调整村民、集体和国家三方的利益分配，这将进一步推动自治组织及其职能、管理和服务方式的转变。[①] 同时，随着我国经济发展水平不断提高，人们对于自身权益保护意识也逐渐增强。在基层民主建设方面，十九大所提出的健全"三治合一"的乡村治理体系是实施乡村振兴战略最切合实际的措施。

（五）推进村民自治始终坚持循序渐进的原则

村民自治的实施是一个漫长而复杂的历史进程，它经历了不同的发展阶段和完善阶段。在过去的40多年中，农村基层民主的健康发展得益于建立了改革、发展与稳定三者之间的良性平衡格局，而实现这种平衡的关键在于坚持逐步推进的改革路线。在过去40多年的乡村治理改革实践中，我们始终坚持以村民自治为核心，通过试点先行、由点到线、循序渐进的方式，最大限度地确保了改革的成效，维护了农村社会的发展和稳定，真正维护了农民群众在改革与发展中的根本利益。自党的十八大以来，党中央始终秉持以问题为中心的理念，不断强化问题意识，进一步激发了农业农村发展的崭新活力。从当前我国城乡统筹发展的新形势看，"三农"问题已经成为影响经济社会全面协调可持续发展的突出矛盾之一，也是今后一段时期推进新型城镇化建设必须解决好的首要难题。考虑到"三农"问题的复杂性和涉及领域的广泛性，以及其在不同地区和发展阶段的独特性质，中国农村改革，包括以村民自治为核心的乡村治理在内，必然是一个由局部到整体、由点到面的渐进式

---

① 项继权.改革40年：农民和集体不断解放的过程[J].社会科学文摘，2018（11）：50.

变革。因此，加强对乡村治理理论的实践研究具有重大而深远的意义。在中国特色社会主义进入新时代、社会主要矛盾发生变化的背景下，党的十九大报告提出了一项伟大的创举，即实施乡村振兴战略，以解决"三农"问题作为全党工作的重中之重，这是一项根本性举措。这就要求我们必须从政治层面、制度安排上对乡村治理进行全方位、多层次的创新和完善。在面对农村基层民主建设的新情况和新形势时，我们必须明确提出要不断完善"三治合一"的乡村治理体系，这是我们推进乡村治理现代化的重要战略措施。"三治合一，城乡融合发展"成为国家和地方政府推进基层自治、统筹城乡协调发展的重大战略决策。这些变革和政策的调整是在全面改革的框架下逐步推进的。

第三节　村民自治的完善与提升

乡村振兴战略的实施是村民自治得以有效治理的根本。当前，为适应乡村振兴战略的要求，应从培育现代化治理理念、提升自治主体效能、完善乡村治理制度、夯实村民自治物质基础等方面入手，提升村民自治的有效性，促进乡村振兴战略顺利实施。

一、树立现代化治理理念

随着乡村社会的不断发展，村民自治的环境也在不断变化，因此，村民自治的思维和理念也必须不断突破和创新。在治理理念上，要实现从"管理"向治理的转变。在制度设计上，要建立一套完善的、具有可操作性的村庄管理制度体系。为了扭转过度强调政府社会治理而忽视自治的倾向，我们必须进一步塑造新时代的社会治理新理念。

(一) 提升基层治理组织服务理念

乡村振兴战略的目标在于解决长期存在的"三农"问题，以实现全面振兴乡村的目标。首先，在推进该战略的进程中，基层治理组织扮演着领袖的角色，基层治理组织的治理理念必须与乡村振兴战略的目标相一致。当前，部分基层政府的职责定位不准确，而基层党组织，尤其是村民自治组织，对于自身在基层治理过程中所扮演的角色缺乏准确的认知。这就造成了我国乡村治理的国家政策无法得到有效落实和执行，严重制约了农村经济社会发展水平的提高。为了推动农村基层治理的发展，基层政府必须摒弃官本位思想这一陈旧的思维模式，以提升服务意识为目标。其次，转变自身职能，通过转变职能来促进基层治理工作更好的进行。在我国农村的基层治理现状中，虽然大多数基层政府的服务理念已经得到了显著提升，但仍有一小部分政府难以摆脱传统治理理念的束缚，这阻碍了村民自治的有效发展，也影响了乡村振兴战略的推进步伐。少数基层政府难以摆脱传统的官本位思想，这是因为其利益链的复杂性。这一部分基层政府在进行具体工作时，往往会将自身与上级机构之间的关系处理为一种依附型关系，这种依附型关系是以自己为中心而展开的。换言之，部分基层政府或行政人员存在着追求个人私利的行为，这种行为可能会对其产生负面影响。这种现象的出现是由于利益链较长造成的，而导致利益链过大的原因则是当前的政治生态与社会环境发生了变化。因此，在基层治理组织中树立服务理念、营造服务型政府氛围，需要借助制度的权威力量。再次，基层治理组织必须明确自身的职责所在，深刻认识到权力来源于人民，自己的服务对象是农民主体，而自己则是服务的提供者。只有在服务中才能真正实现为农民服务这一职能，从而提高基层治理能力。总体而言，必须明确基层治理组织与农民群体之间的相互作用，只有这样，才可以更好地将基层治理工作进行到底。此外，基层群众应当认识到自身在社会中扮演着至关重要的角色，需要对自身的职能进行全面的认知和评估。最后，加强基层干部队伍建设，提升其整体素质和能力水平，以保证基层治理工作顺利展开。基层政府积极主动地参与到基层治理过程中，不断完善其服务理念。

（二）引导治理主体树立法治理念

在我国，"全面推进依法治国，是解决党和国家事业发展面临的一系列重大现实问题，解放和增强社会活力、促进社会公平正义、维护社会稳定、确保党和国家长治久安的根本要求"。因此，为了实现村民自治的有效治理和推进基层治理能力的现代化，必须引导治理主体树立法治观念，以解决因缺乏法治观念而导致的村民自治问题。第一，加强法治宣传教育，剔除官本位及家长制思想，提升自治主体法治意识。通过定期举办法治讲座和法律知识竞赛等形式，强化农村党员干部及广大人民群众的法治宣传教育工作，让他们充分认识到法治是我们国家最基本的制度之一。在农村基层，村民的行为规范受到思维方式的影响，因此需要持续不断地进行定点的普法宣传教育和培训，以将法治观念深深地植入基层群众的思想意识中，引导他们了解、理解和运用法治知识，从而提高他们的法治意识和素养。通过这种方法让广大群众明白什么是法律，知道如何运用法律解决生活中遇到的问题。此外，从基层干部入手，积极开展法治观念宣传和教育，进一步提升基层干部的法治意识，基层干部自身也应主动深入学习法治观念，为依法办事创造良好的法治环境。第二，营造具有良好法治氛围的乡村环境。在乡村地区，尽管存在着熟人和半熟人的差序格局，但法律作为一种普遍约束力的特殊行为规范，仍然是最具权威性和公信力的。因此，在村民自治过程中，领导干部应当率先运用法律手段解决矛盾和问题，全面贯彻法治原则，切实保障农民的合法权益，同时注重规范村民的行为方式。

（三）加强乡村思想道德建设

乡风文明是乡村振兴必不可少的保障。乡村振兴所需的不仅仅是物

第四章 自治为基：加强乡村自治组织建设

质层面的振兴，更需要在精神层面的振兴。在农村发展过程中，由于受经济条件等因素制约，导致乡村社会出现了诸多问题，如农民思想道德素质低下、村容村貌脏乱不堪等现象。乡村振兴战略的落实需要村民共同参与治理过程，充分发挥村民在其中扮演的主导角色的作用。在村民自治的过程中，村民对于参与治理表现出一种冷漠的态度，因此，我们需要从乡风文明建设的思想道德层面入手改善这一问题。第一，优秀的传统文化对于人的思想觉悟和精神气质有重要影响，能够提升人们的道德品质。以中国卓越的传统文化为基础，推广社会主义核心价值观。同时还要加强对农民的教育工作，让农民树立正确的思想观念和价值取向。在乡村思想道德修养建设中，将传统文化的精髓与社会主义核心价值观有机融合，通过宣传教育唤醒村民内心的道德意识和责任意识，引导他们积极参与治理。第二，基层党组织应当以思想引领为核心，发挥其引领思想作用。基层党组织要充分发挥政治引领的职能，为村民提供精神动力和智力支持，带领他们参与到乡村文明和谐发展中，实现乡村振兴。基层党组织必须坚定不移地进行思想领导，以确保农村的稳定和发展，这样才能让党带领群众走上正确道路，实现国家富强、人民富裕和社会和谐。党组织必须持续不断地汲取先进的马克思主义理论知识，以此为基础武装头脑，从而实现对村民的科学引导，提升村民的思想觉悟。此外，还要发挥好党员群众的监督作用，让村民们自觉遵守党的纪律和政策。党组织应当担负起榜样引领的责任，以身作则，党员成员必须保持廉洁自律、公正无私的品质。第三，为了加强农村思想道德建设，必须制定相应的法律法规，以确保其规范化和有效性。若欲消弭村内不良风气，凭教育引导和思想领导之力恐难以奏效，必须借助更为严格的法律法规来规范才能见效。

二、提升自治主体效能

乡村振兴战略的推行,让村民自治进入一个新的发展阶段,面临着一些新的治理挑战。因此,村民自治要在运行过程中取得有效治理的成果,需要充分发挥基层党组织的领导核心作用,加强基层政府的现代化治理能力,提高农民群众参与治理的能力。

(一) 发挥基层党组织的领导核心作用

农村工作一直是党和国家高度重视的领域,然而,当前我国农村正在经历一场深刻的历史转型。只有在坚持党的领导,加强乡村基层政权队伍建设,以科学、民主的方式带领农民总结经验、探索规律的前提下,才能实现基层政府的行政管理与村民自治的协调,从而推动乡村的发展和振兴。第一,农村基层党组织作为党在农村全部工作和战斗力的基础,必须充分发挥其引领示范作用,确保农村能够坚定不移地支持党的路线和方针,从而保障农村的持续发展。同时,也不能忽视自己的工作职能,应该充分发挥好党员的先锋模范作用。不应干涉村民自治,而应充分发挥党的核心领导作用,明确自身的职责和地位,确保其有效实施。只有这样,才能充分发挥农村基层党支部的先锋模范带头作用,为广大农民群众服务。第二,应当加强自身的组织架构,以提升整体实力。这也是基层党组织发挥作用的关键之处。中央历年发布的一号文件均强调加强基层党组织建设,以巩固和强化党的战斗堡垒作用为目标。因此,必须加强基层党建工作,提高基层组织战斗力。在乡村振兴战略的实施过程中,基层党组织的领导能力受到了考验,只有通过不断加强基层党组织的建设,才能充分发挥其作为战斗堡垒的重要作用。

(二) 加强基层政府的现代化治理能力

作为国家政权体系的末梢,基层政府是国家的政策法规在基层能够得到贯彻落实的主要执行者,其治理能力直接关系到村民自治的发展以及乡村振兴战略的推进,因此在基层治理过程中扮演着至关重要的角色。特别是在国家全力推进乡村振兴的大背景下,各种资源源源不断地涌向基层,为村民自治提供了更为丰富的治理资源。为了促进村民自治的有效运行,基层政府必须对涌入的各种资源进行合理配置。基层政府的治理能力是决定资源是否能够得到合理配置的关键因素。如果基层政府缺乏相应的治理能力,则很容易使得农村基层社会处于无序状态,因此,要推进基层政府的治理能力建设。第一,必须确立具有实际效果的法律法规,以明确基层政权组织和自治组织之间的职责范围,并详细规定基层政府的职责。并将相关法律落实到具体工作中,从而使基层政府能够真正履行其职责和义务。如此,基层政府的权力及行为得到规范,基层政府只需要集中于自身需要处理的事务,基层治理也能够有序推进。第二,通过完善监督制约机制来保障基层政府行使有效的行政权力。基层政府应当切实履行其职责,严格遵循法定程序,以确保法律法规的有效落实。第三,必须加强基层政府治理人才的配备,以提升其治理能力。由于基层政府工作人员是国家政策落实的执行者与监督者,所以基层政府管理人员应具有较高的政治素养、法律素养和职业道德素质。随着基层民众对基层治理成效期望的日益提高,基层政府应当高度重视治理团队的专业知识和治理能力,只有通过精选和强化,才能提升其治理能力,满足基层民众不断增长的治理需求。此外,基层政府必须紧跟时代的步伐,不断提升其智能化治理水平,以适应时代的发展需求。随着互联网技术和大数据等信息技术的快速普及与应用,基层政府必须加强自身信息化建设,为实现智能治理奠定基础。

(三)提高村民群众参与治理的能力

在推进乡村振兴战略的过程中,提升村民群众参与治理的能力是确保村民自治有效运行的必要条件。第一,开展村民主体意识教育。为了激发村民参与治理的积极性，必须让他们深刻认识到在基层治理过程中，他们扮演着主体的角色，而在乡村振兴战略中，他们也是受益的主体。第二，提升村民民主法治教育。在当今信息技术高度发达的时代，我们可以借助现代信息技术的手段，利用微信、QQ等APP平台广泛宣传与民主法治相关的知识，让村民能够知法懂法，充分认识到参与基层治理是法律所授予的权利，能够知道如何合理运用法律来维护自己的权益。第三，提高村民的文化水平。文化是社会发展的灵魂所在，而文化水平则深刻影响着村民参与治理的效率与质量。不可否认，村民的文化水平在一定程度上影响着其参与治理的能力。因此，要提升其参与治理的能力，必须克服其文化水平有限所带来的种种挑战。目前我国农村地区对村民开展了各种形式的文化学习和教育活动，以此来提高村民的文化水平，从而提高其参与治理的能力。

三、完善乡村治理制度

要提高村民自治水平，必须建立符合当下经济社会发展条件的乡村治理制度，保证村民自治在运行过程中能够不脱离自治的轨道。

（一）构建横向互动的协同治理

乡村振兴战略的推进涉及多个主体，包括农民、新型农民合作组织、其他农业社会组织和乡村企业等，这些主体共同参与了乡村振兴战略的实施过程。在当代社会的治理过程中，面对复杂的治理对象和社会性公共事务，只有单一的治理主体，使乡村治理面对巨大的挑战，感到严重的不足。为了适应时代发展的需求，国家对乡村治理提出了更高的目标和标准，这也就意味着乡村治理体系与治理能力现代化成为必然。在我国乡村治理现代化的进程中，基层政府和村民委员会曾是主要的治理主体，然而，原有的治理模式存在自治异化等一系列不可避免的弊端，这些问题妨碍了基层治理现代化建设的推进。同时，由于农村经济社会发展不平衡以及传统文化的束缚，导致了农村基层党组织与新时期国家治理体系之间出现脱节现象。为了实现乡村治理的现代化，必须建立一种横向互动的协同治理机制，以打破现有的治理范式，从而推动乡村治理的现代化进程。第一，推动多元主体共治格局构建，积极发挥合力作用。着重推进横向协同治理的构建，必须明确各主体之间的权责利边界，落实各自的责任，并将多元治理主体置于党的领导之下，由党作为基层治理的领导核心，协调好各主体之间的利益关系，以确保农民的利益得到充分保障。如此才能有序地推进协同治理，实现善治。第二，根据多元主体参与治理的具体情况，制定相应的协商互动范围以及制度程序。政府在积极吸纳多元主体参与乡村振兴实施的同时，必须建立相应的制度保障机制，以应对多元主体协商不规范、治理不规范等问题，并追究其责任。这就要求我们建立一套完整且完善的监督体系，对其权力的行使进行有效监督和约束，确保多元主体的权益得到充分尊重，确保多元治理主体的监督机制得到切实有效的实施。

(二) 坚持自治、法治、德治相结合

加强自治建设。自治是促进乡村振兴和构建乡村治理体系的基础。当前，随着社会经济的快速发展和国家政策的大力扶持，农民对美好生活的向往越来越强烈，这就需要我们进一步加强农村基层自治建设。在我国农村地区，村民自治作为一种基层民主实践方式，激发了群众的积极性和创造性。在面对错综复杂的发展环境时，我们必须毫不动摇地以基层党组织为领导核心，不断推进自治的建设，以适应时代的要求。同时也不能让农民群众对自治产生怀疑，这就需要通过制度保障来保证村民自治工作有序开展，从而促进乡村社会稳定和谐发展。在基层政府履行自治指导与协助职责的过程中，必须严格遵守相关法律条文的规定，确保自治组织和自治组织的权力不受行政权的干扰，从而实现村民自治的目标。在提升村民自治组织的治理水平方面，需要加强相关工作，以确保其有效性和可持续性。通过对村务进行公开，使每个人都明白自己该做什么和不该做什么，从而实现民主选举的目的。在村民委员会的成员选拔中，应当优先考虑那些具备优秀素质和才能的人，选拔优秀者。在此基础上，还要完善相关制度，保障村民自治的顺利运行和持续发展。只有在村民自治的引领下，村庄建设才能不断推进，村民才能更加积极地参与到村内事务的治理过程中，发挥自身的主体地位，并对村委会的工作进行监督。

加强法治建设。随着乡村振兴战略的深入推进和有效实施，农村的利益相关者和组织资源呈现出越来越多元化的趋势。在当前的发展趋势下，单纯依靠村民自治原有的村内事务处理方式已经远远无法满足需求。随着时间的推移，农村地区的人口流动越来越频繁，同时外来资本也在源源不断地涌入，这使得产权关系变得更加错综复杂。同时，当前我国法律体系尚不完善，各种社会组织尚未健全，这使得传统乡村治理面临着巨大挑战。乡村振兴战略的有效推进需要更多的自治措施，而单纯依靠自治已经无法满足这种发展趋势的需求。因此，要推进法治建设，以法治为基础，规范和调节各多元主体间的关系，以确保社会秩序和公正。

加强德治建设。乡村治理体系的支柱是德治，与法治的强制不同，德治采用的是一种相对温和的治理方式。第一，立足于中国优秀传统文化的精髓，通过制定村规民约的方式来弥补村民自治制度的缺陷。第二，注重培养农民良好的道德情操，让其树立正确的价值观念，增强自身对社会的责任感和使命感。例如，开展以立家规家训为核心的活动，倡导家风的传承与发扬，将社会主义核心价值观融入宣传教育中。同时，还要不断地探索创新，将社会主义核心价值观融入新时代下的村庄治理中，从而促进我国经济发展和社会进步，实现国家富强和民族复兴。

四、夯实村民自治的物质基础

村民自治的持续发展与农村的经济发展势态密不可分。村民自治的实践经验表明,村民自治的成效与其物质基础息息相关,物质基础的充足与否直接决定了自治的发展方向和效果。我国经济发展不平衡不充分,农村经济发展的不平衡不充分即是其表现之一,这导致了村民在自治过程中缺乏获得感。这不仅不利于村民自治的进一步推进,更不利于农民群众的全面发展和社会主义现代化建设目标的顺利实现。因此,在推进乡村振兴战略的大背景下,为了实现村民自治的高效运转,提升村民的获得感,必须将夯实其经济基础放在重要位置。

(一) 因地制宜推进农业的发展

当前,我国农业产业发展处于向现代化转型的关键时期,然而,由于农业基础相对薄弱,农民的生活水平亟须提高。只有通过不断推进农业经济的发展和完善乡村的基础设施,才能让农民在村民自治的过程中积极参与治理,从而真正感受到他们的参与感、获得感和幸福感。在顶层设计上,应特别关注那些经济发展相对滞后的农村地区,并给予有针对性的关注和支持。在制定农村经济发展政策时,必须全面考虑各地的实际发展情况,有针对性地挑选出真正落后的地区,并给予必要的支持和倾斜。在实施路径上,要坚持因地制宜的原则,综合当地的资源环境等因素来确定适合该区域的发展方向,这样才能够更好地实现产业升级。对于落后地区要注重培养本地人才,通过各种方式提升其综合素质。此外,还要加强与当地政府之间的联系,将政策落到实处,从而促进落后地区的经济快速稳定发展。为了促进当地经济的发展,需要积极探索新的思路,特别是对发展落后的农村地区,需要根据当地的实际情况进行深入探索。

(二) 循序渐进推进城乡融合发展

为有效打破农村经济发展不平衡不充分的现状，必须循序渐进地推进城乡融合发展，实现经济共享。因此，我们必须树立城乡融合发展的理念，逐步推进城乡产业的有机融合，以实现可持续发展的目标。第一，要制定相关政策法规，以引导城市产业、资金、消费等要素向农村流动。当前我国农村产业结构还处于初级阶段，农业和非农业之间的比例严重失调。由于我国农村产业层次较低，经济效益方面也处于较低水平，因此单纯依靠农村产业的吸引力来促进城市相关产业与之融合发展是不够的，必须借助一定的政策倾斜，将城乡产业融合发展机会引入农村，从而实现农村与城市的互动。在这种情况下，就要求政府制定出相应的优惠政策和措施来扶持农村经济的增长，从而使农民能够分享到更多的收益。第二，必须进行科学合理的产业分工规划和分配，以促进城乡融合的发展。为了适应城乡资源优势的差异，必须对产业进行错位布局，以确保资源的最大化利用。比如，可以考虑将城市产业涉及农业初级产品加工以及一些劳动密集型的部分布局在农村地区。如此，不仅能够有效降低生产成本，同时也能够为农村经济的蓬勃发展注入强劲的动力。而将乡村产业涉及高端技术产品设计的部分布局在城市。通过错位布局，最大限度地发挥城市和乡村各自的优势，从而促进双方实现互惠共赢，达到最优化的效果。第三，要循序渐进推进农村产业的蓬勃发展，以确保其逐步壮大。当前，我国农业产业的基础建设相对薄弱，层次较低，难以吸引资金、技术和人才等要素，这使得农村产业的全面发展面临着巨大的挑战。只有在农业供给侧结构性改革中，通过提升质量来实现产业结构优化升级。因此，必须采取渐进式的策略，有针对性地逐个攻克，以达到最佳效果。以提升产业的高品质发展为总体目标，随后进一步明确和细化其他发展步骤。提升产业实力，可以增强其竞争力，从而推动其他领域的发展。在农村产业具备一定的产业实力之后，必须通过多元化的渠道拓展市场，以激发其内在的发展动力。在推动农村经济发展的同时，必须重视产业的可持续性，维护农村的生态环境，树立绿色发展理念，以促进绿色产业的形成，并吸引城市产业的融合发展。总之，要缩小城乡之间的收入差距，必须以农业的发展为基础，不断推进现代化建设，促进经济的可持续发展。通过调整产业结构和优化资源配置等方法来提高农村居民收入水平，促进城乡一体化进程的加快。同时通过巩固村民自治的经济基础，有效提升村民的获得感和幸福感。

第五章

法治为纲：推进乡村治理法治化

乡村的基层治理是国家治理和社会治理的重要组成部分，其治理的质量和治理能力的提升直接影响着国家整体治理能力的成效，其法治化程度直接影响着我国法治建设的进程。党的十八届四中全会明确提出了要推进基层社会治理法治化，全面推进依法治国的基础和工作重点均在基层，推进乡村治理法治化有利于规范乡村社会发展秩序，实现乡村的良法善治，为乡村振兴战略的实施提供保障，促进国家治理体系和治理能力的现代化，助推全面依法治国，建设法治中国。

第一节 乡村治理法治化内涵与特征

"法治是善治的前提，没有法治便无善治，也就没有国家治理的现代化。"[①] 乡村社会治理法治化是现代化进程中不可或缺的一环，是实现国家治理现代化的重要手段和目标。深刻理解乡村治理法治化的内涵与特征，将有助于全面把握乡村振兴战略的有效实施，从而实现乡村治理有效。

[①] 俞可平. 法治与善治 [J]. 西南政法大学学报，2016，18（1）：6-8.

第五章 法治为纲：推进乡村治理法治化

一、乡村治理法治化的内涵

（一）乡村治理的法治化

在国家治理一体化的框架下，基层行政组织、基层司法组织、基层自治组织依法管理基层的政治、经济等各项公共事务，确保乡村各项事务在法律调节下得到规范化和制度化的实施。① 以政府为中心、市场为主体、社会关系网络为纽带的"三驾马车"是支撑整个现代社会运转的基本力量。现代社会结构由政府、市场、社会高度一体化分化为政治生活、经济生活和社会生活三部分。其中，以政府为代表的国家是最主要的主体之一，而其他两个子系统则是围绕国家展开并发挥作用的。现代国家需要调整三个系统之间的边界和相互关系，从而实现相互协作、优势互补和相对平衡。为了实现行政行为、市场行为和社会行为的有机平衡，国家需要在上层建筑层面建立一套科学合理的制度和程序，以推进国家治理体系现代化的进程。换言之，只有在所有治理主体都恪守法律权威的前提下，以法治为框架进行治理活动，才能最终实现国家治理的现代化。乡村治理法治化指的是多元主体在党的领导、人民当家作主与依法治国有机统一的前提下，以法治为手段，运用法治思维和法治方式，管理乡村各项事务，增加人民福祉，将乡村社会的运行纳入法治轨道，实现治理的法治化转型，使得乡村治理达到良治、善治的目的。乡村治理法治化与全面推进依法治国以促进国家治理现代化与全面深化改革的总目标——完善和发展中国特色社会主义制度，推进国家治理体系和治理能力现代化——是部分与整体的关系。

（二）乡村治理法治化的时代内涵

自乡村振兴战略的深入实施以来，乡村治理的法治化已经被赋予了

---

① 陈家刚. 基层治理：转型发展的逻辑与路径 [J]. 学习与探索，2015（2）：34-40.

全新的时代意义。法治是实现国家治理体系现代化的重要保障，乡村治理的法治化需要强调宪法和法律的至高地位。一方面村民需要学习法律知识，做到知法、用法、守法、护法，将法律作为行使权利、履行义务的基准，用法律来维护自身权益；另一方面参与治理的主体也要树立法律权威的观念，规范用权，依法依规开展相关活动。乡村治理法治化是国家推进社会主义新农村建设和全面深化改革的必然要求，更是解决"三农"问题的重要抓手。要实现乡村治理法治化需建立更完善的治理制度体系，用科学健全的乡村民主制度和法律法规保障乡村政治、经济和社会的发展，拓展村民有序参与治理的渠道，以摆脱他们参与积极性低、自治能力弱等困境。要实现乡村治理法治化的目标需要确保治理过程的规范性和有序性，紧密围绕乡村振兴战略的实施，填补治理短板，提升依法治理能力，明确着力点，监督、规范权力，为公民权利提供制度保障，使其从内心深处相信法律，积极支持和参与治理法治化的全过程，形成良性互动。

二、乡村治理法治化的特征

（一）治理主体多元化

2018年，中央一号中提道"乡村振兴，治理是基础。必须把夯实基层基础作为固本之策，建立健全党委领导、政府负责、社会协同、公众参与、法治保障的现代乡村社会治理体制，坚持自治、法治、德治相结合，确保乡村社会充满活力、和谐有序。"现代乡村治理体制决定了乡村必须由多元主体共同参与，各司其职，相互协作，共同建设。

乡村社会治理的法治化进程中，基层党组织扮演着至关重要的角色，是不可或缺的主体力量。具体包括乡镇党委、村党委及乡村场域内的其他党组织。其核心功能在于通过组织体系来保障乡村社会治理的合法性基础。我国的国家法律法规、政策性文件和党内法规均明确规定了党在乡村治理中所拥有的领导权力。中国共产党的全面领导是我国乡村社会治理取得成效的关键所在，因此党作为乡村治理的首要主体毋庸置疑。乡（镇）政府是乡村社会治理法治化的必要主体。乡级政权是一个相对独立而又具有较强自治能力的层级结构，它既要承担起上级政府赋予的职责，还要通过一定的方式对下级进行有效监督与指导。在我国这个后发外生型的现代化国家中，法治建设存在薄弱之处，特别是在农村社会，法治制度建设尚未完善，村民的法治意识也有待提高，因此，政府必须通过强有力的手段来推进法治化建设。当前乡村治理存在诸多问题，其中乡政村治模式下基层权力运行失衡导致的乡村"官本位"思想严重，自治能力不足、缺乏法律保障等是主要原因。乡村治理法治化建设任务艰巨复杂，而乡（镇）政府作为国家自上而下的行政系统的最基层、最接近乡村的一层，凭借其强大的资源优势和组织优势，仍需发挥其主体作用。村委会是乡村治理法治化的基础主体，其能够在法治的框架内规范合理运行，为公民自治权利的实现提供坚实的保障。乡村社会组织及乡村精英是乡村治理法治化的有益主体。随着乡村社会生产生活方式的不断变化，新的乡村社会组织不断涌现，其中包括经济、政治、社会团体和文化等多种类型，覆盖了乡村社会生活的各个领域。乡村精英作为乡村治理中极重要的一支力量，不仅直接影响着乡村治理的效果，也对整个乡村社会有着不可忽视的作用。这些乡村精英和各类乡村社会组织，通过表达不同的利益诉求，提升了村民的法治意识、民主意识和参与意识，同时对乡（镇）政府、村委会等其他主体的工作起到了监督和促进作用，推动了乡村经济和政治的发展，维护了乡村秩序的和谐稳定，为乡村社会的发展注入了新的活力。

（二）治理模式多样化

随着改革开放的不断深入和国家对城乡关系认识的演进，传统的"乡政村治"进行了一系列改革，包括撤并乡镇、取消农业税、加大乡村财政投入等，这些改革为乡村社会经济政治发展做出了卓越的贡献。但在乡村自治中仍存在着乡村干部不作为、干群矛盾冲突多、乡村债务严重以及乡村社会治安冲突等问题，这既是对我国当前农村经济社会发展状况和存在问题的深刻揭示，也为新时代构建现代化社会治理体系指明了方向。为了应对乡村经济、政治、文化状态的不断变化，党和政府毫不动摇地进行改革，以克服"乡政村治"所带来的弊端。在地方层面上，全国各地也在不断探索创新乡村治理模式，以促进本地区乡村治理制度的完善和健全。在这种情况下，一些地区根据自身特点和需求大胆尝试，探索出具有本地特色的乡村治理模式，并取得显著成效。如广东省云浮市的"乡贤治理模式"、湖北省宜昌市仓屋榜村的"一二五"治理模式、湖北秭归县的"幸福村落"治理模式等，这些模式均经过实践检验并获得成功，不仅极大地促进了当地经济政治的发展，同时也为其他广大乡村提供了可供借鉴和示范的效应。随着乡村治理的日益深入，我国广袤的领土和多样的风俗民情将呈现出多样化的治理模式。

（三）治理环境复杂化

我国传统的乡村社会是具有高度稳定性和封闭性的熟人社会[1]，这是由于农耕必须在某一有肥力且固定的土地上反复耕作。随着工业化进程加快、城镇化步伐不断推进，这种稳定与封闭的乡村社会结构发生改变，出现了新的分化格局。自改革开放以来，我国市场经济蓬勃发展，然而城乡之间的发展却呈现出明显的不平衡状态。随着工业化进程加快和城市化步伐加快，农村剩余劳动力逐渐从农业中转移出来，形成一个庞大而又相对稳定的人口群体。随着信息的日益畅通和交通的日益便利，乡村已不再封闭，大量年轻人拥入城市，使得乡村呈现出半熟人社

---

[1] 费孝通. 乡土中国 [M]. 北京：北京大学出版社，2010：15-18.

会[1]和无主体熟人社会[2]的流动状态。在新时代，乡村治理法治化面临着从熟人社会向半熟人社会的转变和过渡，半熟人社会已经颠覆了传统的熟人社会治理模式。半熟人社会形态中的"陌生人"在一定程度上取代了熟人社会里的人，形成一个相对独立的共同体。在传统熟人社会中，社会秩序的维持不仅仅依赖于传统的习惯、礼法和舆论，还需要更多的综合因素的作用。随着国家与社会关系的变化，人们对法律产生怀疑甚至抗拒。在当代半熟人社会中，村民之间的交流已经不再紧密，信息的透明度大幅降低，舆论的影响力也随之减弱，因此，村民们的契约观念和法治意识对社会秩序的良好与否具有至关重要的影响。无主体熟人社会的开放性和流动性打破了传统乡村一贯稳定的经济结构。随着越来越多的人拥向城市从事工作、乡镇企业的兴起以及土地经营权的承包等一系列变化，一些村庄中的家庭收入来源和数量都得到了增加，这部分人富裕的同时也扩大了村民之间的贫富差距，破坏了经济结构的平衡。过去熟人社会的自治管理以宗族为核心，而宗族自治有时与国家基层自治相互融合，形成了一种紧密的关联。现在，由于乡村治理模式的转变，半熟人社会逐步向现代社区过渡，出现了许多新问题。随着半熟人社会宗族的逐渐瓦解，一些年轻人对参与村庄公共事务的热情逐渐消退，甚至表现出冷漠的态度，部分村民虽然愿意参与村级治理，但缺乏相应的组织保障。

第二节 乡村治理法治化的重要意义

法治化是乡村治理的重要保障。新时代乡村治理法治化是顺应时代

---

[1] 贺雪峰. 新乡土中国［M］. 北京：北京大学出版社，2013：3-8.
[2] 吴重庆. 从熟人社会到"无主体熟人社会"［J］. 读书，2011（1）：19-25.

潮流、回应乡村之间、实现乡村治理之方法。乡村法治化建设对于深化全面依法治国、推进乡村振兴战略和助推国家治理现代化具有重要意义。

一、深化全面依法治国

新中国成立以来，特别是改革开放以来，我国历经从法制到法治，再到向全面实现依法治国的宏伟目标迈进。作为社会治理的基石，法治是确保社会稳定不可或缺的利器。改革开放以来，我国逐步确立了建设社会主义法治国家的基本方略。从党的十五大的"依法治国"到十八届四中全会的"全面推进依法治国"，实现了全面治理国家的重大突破。

（一）乡村法治化是全面依法治国的基础

全面依法治国的范畴涵盖了社会发展的全局，而乡村法治建设则是其不可或缺的组成部分，对实现全面依法治国来说意义重大。全面推进法治建设，明确了依法治村的适用范围和对象。提高乡村治理法治化是实现依法治村的首要前提和基础。实现全面依法治国和依法治村两者之间的有效互动是乡村治理的重中之重。乡村治理法治化就是将国家法律制度运用到乡村社会生活中去，使其与农村实际情况相结合。乡村法治建设的不断推进，是实现全面依法治国的重要保障，也是构成整体不可或缺的一环。乡村治理法治化是整个国家法治建设的基础，也是实现国家长治久安的根本保障。要实现全面依法治村，必须确保每个自然村都严格遵守法律法规，从小到大、从外到内逐步推进全国乡村治理法治化，最终实现全面依法治国的目标。乡村治理法治化可以提升村庄自治水平，促进农村经济发展，提高农民生活质量，维护社会秩序稳定，进而保障社会主义新农村建设顺利进行。因此，乡村治理法治化建设对于推进中国法治建设具有至关重要的意义。

（二）全面依法治国需要乡村法治建设

乡村治理法治建设是实现全面依法治国的必要条件，它为我们提供了强有力的支撑。乡村法治建设的提出，是为了响应全面依法治国的呼声和要求，以确保乡村地区的法治建设得到有效推进。要实现全面依法治国的战略目标，必须在乡村法治建设方面下大力气，需要抓好乡村法治补短板、强弱项。农村经济水平的提升以及国家政策支持力度的加大为我国乡村法治建设带来了契机。一方面通过持续推进农业法律法规的制定和完善，积极促进乡村法律事务的发展，全面构建乡村法治治理体系；另一方面通过加强农村基层组织的法律素质培养工作，使之成为农村社会稳定的基石。通过法律手段应对和解决乡村治理中出现的各种新情况和新问题，引导和推动乡村法治建设进程的发展，为全面依法治国积累力量。因此，乡村治理法治化的充分发挥是实现全面依法治国的必然要求。

二、推进乡村振兴战略

实现乡村振兴的重要驱动力在于实现有效的乡村治理和乡村治理法治化。乡村的稳定是实现发展和振兴的必要前提，只有在这个前提下，乡村的繁荣和发展才具备坚实基础。乡村治理法治化就是在国家法律制度框架下使农村经济、政治、文化等各方面活动都必须遵循规范和准则。在新时代乡村振兴战略的背景下，法治化已成为乡村治理的重要抓手和关键方式。乡村振兴战略为法治提供了强大动力，推动着法律制度体系建设的不断完善。在推进乡村振兴战略的过程中，习近平总书记提出了要坚持五级书记来抓乡村的产业、人才、文化、生态以及组织五方面的全面振兴。党的十九大报告中首次提出了"乡村振兴战略"这一极具现实意义的理论，并指出要紧扣住我国社会主要矛盾的变化来统筹推进乡村振兴战略，并进一步突出了"三农"问题在党和国家工作中的重要作用，这符合全面实现小康社会的要求。乡村法治建设为乡村振兴提供制度保障和法律支持，能够有效解决农村存在的各种难题。为了确保乡村全面振兴的顺利进行，必须加强法治建设，为其提供坚实的保障。

（一）法治保障乡村振兴

乡村振兴离不开法律保障，而法治乡村就是国家法治化的必然产物。在《中共中央国务院关于实施乡村振兴战略的意见》中提出了"建设法治乡村"，标志着乡村法治建设迈向更高层次、更全面的发展阶段。在《乡村振兴战略规划（2018—2022年）》中指出："实施乡村振兴战略是健全现代社会治理格局的固本之策。社会治理的基础在基层，薄弱环节在乡村。乡村振兴，治理有效是基础。"乡村振兴是实现乡村发展的历史必由之路，乡村振兴和有效治理的实现，离不开对乡村进行法治化建设。在实现乡村振兴过程中，迎来机遇的同时，也会遇到许多不确定性的风险和挑战，这就需要法治建设来提供一个稳定的发展环境。因此，我们必须重视加强乡村法治建设，为农村经济社会发展提供法律制度上的保证。乡村振兴的成功离不开法治的保障，要将法治作为突破乡村治理薄弱环节和乡村振兴的重要抓手。必须在新时代习近平法治思想的引领下，积极推进乡村法治建设，提升领导干部的法治素养和村民的法治意识，以应对乡村振兴中的各种新形势和新问题，充分发挥全面依法治国在乡村振兴中的重要作用。

（二）法治助力乡村振兴

乡村振兴是涵盖政治、科技、经济、生产、文化、社会、道德以及生态等多个领域的全面振兴，而非局限于某一特定领域的振兴。法治作为一种治国理政的重要手段，可以有效地促进我国农村经济社会全面协调可持续发展。因此，将法治理念贯穿于乡村社会的方方面面，以确保法治在政治稳定、科技进步、经济发展、生产高效、文化繁荣、社会和谐、道德高尚以及生态美丽等方面发挥其不可或缺的作用。从农村实际出发，结合当地特点进行创新，建立完善的基层民主自治机制，制定适合本地特色的法律制度体系。推进农村法治化建设，加强对农村基层组织人员的法治宣传工作，通过开展乡村法治宣讲教育，提升基层干部的法治观念和为民服务的意识，加强村民法治文化和参政议政的素养，将农村居民的生产生活等各项事业纳入法治化轨道。同时，加强乡村基层治理人员的法治素养和能力，整合法治队伍，以确保法治力量深入乡村基层。此外，积极引导和教育民众懂法守法，更重要的是遇事学法用法，善于利用手中的权利，做好执法部门监督人。只有这样才能更好地维护国家法律的权威和尊严，保障人民群众的合法权益不受侵犯，促进社会主义民主与法治建设的发展。在解决乡村问题的过程中，必须确保法治思维和法治方式在乡村经济、政治、文化、社会和日常生活的各个方面得到贯彻落实，从而助力乡村振兴。

三、助推国家治理现代化

法治化是衡量国家治理体系和治理能力现代化的重要尺度之一，体现了国家治理体系在现代化进程中所扮演的重要角色。乡村振兴离不开法治的支撑和保障，实现和推进乡村振兴也必须以法治为基础。乡村振兴战略中最主要的内容就是加快建设社会主义新农村，这就需要我们以法律为依据进行全面改革创新，不断提升乡村治理水平，进而推动城乡一体化进程。将乡村治理纳入法治化范畴，可以实现乡村基层社会权力与权利的相互制衡，从而推动制度更加规范、高效运行，最终实现地方治理的规范化和国家治理的现代化。

（一）乡村治理法治化是社会主义现代化的重要保障

十九届五中全会确定了2035年远景目标，要"基本实现社会主义现代化"，将"全面建设社会主义现代化国家"作为四个全面战略布局的首要任务。推进法治现代化是实现社会主义现代化的重要前提和保障，也是实现社会主义现代化的必由之路。在本世纪中叶，要建设一个富强、民主、文明、和谐、美丽的社会主义现代化强国，必须以法治建设为基础，这是实现强国伟业不可或缺的途径。推进城乡融合发展，打破城乡二元对立，实现全面协调发展，从而促进乡村现代化进程。为了实现乡村法治的现代化，我们需要打破利益固化、贸易壁垒、思想禁锢的束缚。我国农村地区正处于转型时期，社会矛盾和问题日益凸显，传统的乡村法律文化受到严重冲击。随着新实践的不断涌现，法治建设也在不断进行新的调整和优化。因此，乡村治理法治化建设已成为实现社会主义现代化强国目标的必然要求。

（二）乡村法治建设有助于实现国家治理现代化

随着党的十九大的召开，我国法治建设踏上了现代化的新征程，这就要求我们必须进行新的适应时代的法治建设，更好地服务于乡村发展。在党的十九届四中全会上，中国特色社会主义制度和国家治理体系得到认可，会上提出了实现国家治理体系和治理能力现代化的总体目标，旨在推动我国国家治理向更加规范化、成熟化的制度体系迈进。同时，党的十九届四中全会还对全面推进依法行政做出战略部署，并强调要健全完善法律实施机制，加强执法责任制和执法监督检查，提高政府公信力和执行力。这一里程碑式的重要事件对巩固和完善中国特色社会主义法治体系、提升党的依法治国和依法执政能力具有深远的意义。《中华人民共和国民法典》的颁布和施行、党的十九届五中全会公报的公布、全面依法治国委员会关于习近平法治思想的提出以及中央委员会法治建设实施纲要的印发等都是在加快建设实现社会主义法治现代化。其中，最重要的就是要完善农村地区的法律服务体系，加强农村基层社会组织建设，推进基层依法办事制度改革，健全自治规则和政策落实机制，推动形成依法治村格局。我国乡村治理需要加速推进法治制度体系建设，提升乡村法治能力，以期早日实现乡村法治现代化。

第三节 乡村治理法治化的现状

乡村治理法治化是国家实现长治久安，维护广大人民群众根本利益的必然要求，更是建设社会主义和谐社会的内在要求。随着依法治国全面推进，我国乡村治理正朝着法治化的方向迈进，乡村居民的法律意识和法治思维也在不断提升，这使得法治在基层社会生活中扮演着重要角色。

一、乡村治理主体现状

（一）治理主体诉求多样化

随着我国社会文明程度和人们文化水平的日益提高，乡村基层的社会结构发生了翻天覆地的变化，单一的治理主体已无法满足乡村社会发展的需求，越来越多的治理主体融入乡村振兴战略的实施中，这些主体的涌现彻底颠覆了以往的治理模式，多元共治成为必然之选。其中，最具有代表性的就是新型农民群体，这类群体以其独特的身份参与到乡村建设中，他们充分发挥自身的优势，为乡村振兴战略注入了新的生机和活力。此外，政府、企业和其他组织等构成的多元化共治主体也具有较强的代表性和典型性。随着多元共治主体的形成，主体所代表的利益也呈现出多样化的发展趋势，他们的利益诉求也随之呈现出多样化的态势。要更好地实现各主体之间的有效协调与合作，就需要我们从各个角度出发，综合考量各类主体的利益诉求。为不同的社会阶层和群体争取最大的利益，是参与乡村治理至关重要的准则。不同利益之间的博弈在基层表现得尤为明显，尤其是当国家法律的规定不够完善，对基层主体之间的权力没有明确的划分。这种情况下，我国部分乡村地区由于基层居民常常忙于自身的经济生产活动，往往忽视了村委会和村党支部之间的互动，导致他们之间缺乏相互信任的基础。当基层居民遇到问题时，他们通常不会寻求村委会或村党支部的协助，而是通过上访来解决。

（二）治理主体类型多样化

第一，基层政府在乡村治理的过程中扮演着至关重要的角色。在我国的基层管理中，政府扮演着主导角色，特别是在乡镇层面，政府不仅拥有权力，同时也是权力的实施者。在政府的指导下，村民自治制度得到不断完善，村"两委"也在合法的框架内制订了发展规划，以促进生态、环境和经济的全面发展。在治理过程中，政府对基层群众的社会生活进行了有效的监管和指导。同时，政府积极推进本地区经济、政治、文明的全面发展，并在法律规定的范围内实施与本地区适配的地方法规。第二，村"两委"在农村治理中占据基础地位。他们作为基层政权组织和基层组织，能够有效整合各个利益群体，协调好各方面的关系。他们实时监测国家相关政策和法律，为基层社会群众的生活提供指导，推动基层社会生活的和谐发展。所以村"两委"对乡村治理具有基础性和主导性作用。第三，民间组织在乡村治理中发挥重要作用。民间组织的参与不仅扩大了群众基础，更激发了村民的参与热情，使得越来越多的人融入基层治理中。这些组织也帮助当地农民解决了生产生活方面遇到的问题，促进了农村社会和谐稳定。通过举办多样化的文艺活动，一些民间组织不仅为村民的心灵世界和文化生活增添了丰富的色彩，同时也为基层群众提供了高品质的文化产品，并培养了他们的文化素养。第四，精英力量逐渐壮大。随着国家经济发展水平的提高以及人们物质生活质量的提升，乡村精英阶层不断发展壮大起来。乡村建设离不开精英的推动，而精英又需要不断地学习以适应时代发展。在现实中，由于基层治理主体之间的权力界限不明确，这些社会精英在乡村社会治理过程中的话语权相对较低,他们常以个人身份参与乡村治理,因此需要制定相关法律以明确他们在社会事务中的权利和义务。此外,还要加强对乡村精英的培养力度,提升乡村精英的文化素质和专业能力,从而使得他们能够更好地为村民服务,发挥精英在社会治理过程中的最大效用。

二、乡村治理方式的现状

(一)法治与自治相结合

我国的乡村治理方式强调自治与法治的有机融合。在乡村振兴战略的大背景下,自治的地位比法治更为突出,自治是法治得以实现的基础。因此,必须建立完善的自治机制,贯彻乡村治理法治化的原则,实现自治机制与法治机制的有机融合,共同促进乡村社会治理的可持续发展。只有这样,才能更好地推动农村地区发展建设,促进城乡一体化进程。乡村的自治并不意味着完全的自治,而是在法律允许范围内的自治,以确保自治的有效性和可持续性。因此,在乡村治理的进程当中,既需要依靠自治来保障村民的权利,又必须坚持法治的权威,这样才能保证整个乡村治理体系正常运行。在乡村治理的实践中,自治与法治的融合不仅为更多社会主体提供了参与的机会,为乡村治理注入了新的活力,同时也促使越来越多的主体受到法律和其他相关规范的制约。最后,必须激发这些治理主体在治理乡村事务方面的积极性和创造性,以实现基层权力的真正掌握和人民自治的实现。同时要对自治进行完善,使之具有一定的可操作性。为了实现村民自治的完全意义,必须对基层政府、村委会和村党支部的权力进行约束。无论是国家的治理主体还是村民的自治,他们都应当遵守国家制定的相关法律。

(二)法治与德治相结合

乡村振兴战略要求"乡风文明",德治就在其中发挥重要作用。通过实施德治,可以有效纠正乡村不良风气,激发社会正向能量。德治是一种以人为中心,以人的发展为目的,通过对民众进行道德教育来实现政治统治目标的方法体系。由于缺乏国家的强制力来确保其有效实施,德治被视为一种软性法规。法治也需要德治作为支撑,但是德治不是万能的,它具有局限性。在治理过程中,要注意充分协调好法治和德治的关系,充分发挥二者的协同作用,以取得更高效的治理效果。在实践中,我们需要培养所有社会成员的法律意识,批判那些与社会主义法治建设和社会主义现代化建设不相容的陈旧道德观念,并推广符合法治建设基本要求的社会主义新道德,以增强人们对法律制度和法治事业的认同感。德治和法治相辅相成,相互促进,共同推动社会的进步。

三、乡村治理法治化实践的现状

随着乡村治理法治化的实践程度不断加深,群众的法律意识与法律思维不断提高。目前我国在农村地区已经初步形成了以村民自治为基础的乡村基层法治体系,并取得一定成效。然而,仍然存在着许多问题。

(一)基层普法工作较难开展

自实施乡村振兴战略以来,尽管我国在乡村基层普法工作方面取得了一定的进展,但基层普法工作的开展仍然面临着一定困难。普法工作的受众主要集中在基层民众,然而,尽管基层政府和其他组织一直在积极推进普法工作,但由于乡村青壮年人口外流严重,乡村中剩下老弱病小等普遍缺乏对法律的接受和理解,在基层工作人员进行普法宣传时,乡村居民难以在固定时间和地点集合,这给普法工作带来困难。同时,由于乡村居民大多需要从事生产活动,很少有人对普法活动产生兴趣,普法工作面临着巨大的挑战。

(二)基层群众受教育程度偏低

改革开放以来,我国的经济、文化和教育水平在城乡之间呈现出明显差异。随着城乡差距的不断扩大，社会资源分配的不平等现象在教育资源方面得到了明显体现，尤其是城乡义务教育资源分配不均。因为教育资源的不公平分配，导致我国偏远落后农村地区的许多居民无法获得优质的教育服务，他们对知识的理解和接受在很大程度上存在困难。然而，随着社会发展的进步，法律知识在日常生活中的作用越来越重要。在乡村振兴战略的实施过程中，尽管政府加大了对普法教育的投资，但是经济落后地区群众的学历水平和文化程度仍然很低，导致他们对晦涩的法律条文难以理解。

（三）法治宣传方式单调落后

乡村是一个特殊的场域，需要依靠法律制度来约束乡村各主体的行为方式，对基层群众进行普法教育是基层政府机关以及其他治理主体的首要任务。因为基层治理机构的权力和实施范围存在差异，所以在法制宣传方面，他们很难避免陷入形式主义的泥潭。同时，新兴的法治宣传方式对受教育程度相对较低的基层群众而言并不适用。因此，需要通过各种途径和方法来开展法制宣传工作。然而我国部分地区的偏远和落后，导致基层普法活动难以真正落实开展，基层普法活动在某种程度上呈现出单一的形式，如张贴宣传栏、喷写标语等，缺乏实质性的内容，形同虚设。

第四节　乡村治理法治化的困境

目前我国正处于世界百年未有之大变局，乡村发展也进入了深水期，遇到了前所未有的治理新问题。乡村治理法治体系不健全，乡村法治治理主体权责不清的矛盾，乡村涉农的立法、司法和执法缺乏一致性、连贯性，乡村法治文化建设不完善等现实方面存在诸多问题。

一、乡村治理法治体系不健全

在传统乡村治理法治缺失、城乡二元体制对立、利益诉求无法保障等诸多因素的共同作用下，村民法治道德水平的提高受到了限制，这严重制约了乡村治理的有效发展。但传统乡村法治建设的不成熟，与乡村社会结构有着密切联系，这些制约乡村法治发展的要素既有来自经济层面、思想文化层面的，还有来自法治制度层面的不健全。但最为重要的是经济层面的。一方面，在乡村法治发展的进程中，乡村传统经济的滞后成为最大的制约因素。由于经济基础方面的原因，乡村经济长期处于一种低效率状态。另一方面，乡村法治建设的根基薄弱，村民的法治教育缺失。村民文化素养和法治条件的缺失，导致了乡村法治的缺陷。随着经济水平的不断提升，乡村居民对法治的需求变得更加迫切，传统的灌输式教育已经无法适应乡村发展的新形势。

二、乡村法治治理主体权责不清晰

乡村治理法治化的要求之一在于实现治理主体的多元化，然而在实际治理中，尽管多元主体治理的格局已经基本形成，但各主体之间的权责关系仍未明确，这对法治化治理水平的提高产生了负面影响，尤其在乡镇基层政府和村民自治组织之间的关系方面表现得尤为突出。

（一）乡镇基层政府职能定位不准

新时代，乡镇基层政府在乡村法律应用方面拥有广泛的话语权，在乡村治理中扮演着重要执行者的角色。乡镇基层政府作为法律实施主体之一，其执法水平直接影响着国家法律法规在农村地区的贯彻落实效果。近年来，乡镇基层政府执法能力不断加强，取得了显著的执法成效。然而，由于乡镇基层政府职能定位不明确，制约了乡村法治的执行效率。第一，部分乡镇政府由管理管控型向治理服务型职能转变滞后。由于历史原因以及体制机制等因素影响，当前部分乡镇政府还未实现从管制型到服务型的职能转变。第二，乡村基层政府在执法过程中的方式和方法选择不当。乡村基层政府执法是一项复杂且烦琐的工作，其执法效果直接关系到广大农民群众的切身利益，也会间接地反映出其执政能力及行政效能。部分乡镇基层政府部门在执法过程中表现出的消极态度和不作为行为，不仅给民众留下了极为不良的印象，更可能加剧政府与乡村村民之间的紧张关系，对村民对乡镇政府执法的理解和认可造成不利影响。

（二）部分农村基层党组织法治职责认知不清

依法治国是新时代我国治国理政方略之一，而农村基层党组织则肩负着推进依法治国进程中基层民主政治建设和国家法治建设的重任。在农村基层党组织的领导下，广大劳动人民通过法律手段对农村经济、文化和社会事务进行全面治理，以确保农村各项工作的平稳运行，最终实现全面依法治村的目标。然而，当前存在一些农村基层党组织对法治的认知不足，其原因有：第一，这些党组织未能与上级党组织建立紧密联系，从而导致乡村法律的发挥受到限制。在向上级党组织传达社情民意对法律需求的过程中，农村基层党组织作为法治的引领者和带头人，面临着法治实践中部分遗漏和不到位的问题，这导致在法治引领时出现了冷场、群众不热心参与和支持度低的尴尬局面。同时，基层党组织与村民之间缺少有效沟通渠道，致使农村地区法律实施效率低下。第二，农村基层党组织的部分法治权责不明晰，缺乏法治专业人才和队伍，未能充分发挥先锋模范作用。在新时代，农村基层党组织领导人民进行乡村治理的法治化建设，然而，由于涉及多个领域，导致分工不够明确，再加上乡村中法治专业化水平整体偏低，因此难以高效发挥法治的作用。第三，农村基层党组织未能充分履行法治落实和监督的职责。随着经济发展，我国乡村地区发生了深刻变化，但是仍有许多法律制度还没有完善起来。在乡村治理的进程中，出现了一些空洞的法治口号，缺乏充分的法治实践，同时也存在着监管不到位等问题，这些问题进一步妨碍了乡村法治化建设的推进。

（三）村民委员会法治建设不够

村民委员会是乡村基层民众管理乡村社会事务的自治组织，但新时代乡村法治实践出现了新的问题，阻碍了村民委员会的法治水平和能力提升。第一，基层村委会的成员对法律知识的掌握程度相对不足。村民由于年龄不同，受教育水平也参差不齐，接受能力也有强有弱，一部分法治带头人出现法律知识匮乏，法治素养低下等情况，无法为村民提供正确指导，会进一步加剧乡村法治落后的劣势。乡村的发展离不开法治，因此在选拔法治领袖时必须慎之又慎，以确保其有效性。第二，乡村法治建设受到村委会法治设施落后的客观制约。乡村税收是基层村委会建设费用的主要来源，由于取消了乡村农业税，导致村级资金来源不稳定，需要依赖上级政府的拨款，但是由于乡村经济发展水平较低，这也直接阻碍了法治实践在村委会的运用和发展。第三，村民的首创精神和自治积极性没有得到较好发挥。由于乡村居民的文化知识水平较低，导致他们对法律制度的理解和接受存在诸多问题，同时在法治实践中忽视了人民群众作为经济、政治、法律创造者的主体地位，有些人甚至将其视为法治实践的客体，被动地进行灌输，这使得村民委员会自治治理缺乏生机与活力，从而制约了乡村法治治理水平的提升。

三、乡村治理涉农立法、司法和执法不连贯

涉农的立法、司法和执法缺乏一致性、连贯性建设成为阻碍乡村法治化道路的第二大障碍。在中国特色社会主义的乡村法治治理实践中，立法、司法和执法三者的有机融合构成了一个复杂而系统的工程。

(一) 乡村涉农立法不足，出现法律盲区

法的运行首要前提是得有法。在乡村法治建设中，法的制定是不可或缺的龙头环节。当前我国农村存在法律缺位和法律空缺现象，法治与经济、政治、文化等社会发展无法充分协调，未能与时俱进地产生相适应的法律在乡村法治建设中。同时，农村法律较为粗糙过于笼统，缺乏精细化。另外，法律的产生和更新换代需要一定的时间，而农村经济发展日新月异，有些地方并未根据情况具体问题具体分析，而是等待成熟后再制定，这也进一步导致了法律制定中的盲区。

(二) 涉农司法宣传不够，存在宣传遗漏

乡村司法建设的成功与否，很大程度上取决于乡村司法宣传工作的质量。因此，要想使法律得到有效实施，必须重视对农村法律进行全面而深入的宣传。涉农的乡村法律宣传在法律制定和执行过程中扮演着至关重要的角色，它是法律执行的关键纽带，直接影响着法律效力的发挥和推广。第一，在法律制定和生效的过程中，通常会存在一定的时间间隔，因此必须进行充分的司法宣传，以确保其有效性。目前我国大部分地区已经开展了较为广泛的农村法治教育工作。但由于一些乡村地理位置偏远，导致交通不便、传播受阻等问题，再加上司法工作人员数量的有限性和不集中性，致使法律宣传过程中存在着外部条件的缺失和不足。同时，我国农村地区人口分布较为分散，受教育水平较低，对法律法规了解不够深入，加之一些基层政府官员法律意识淡薄，法治观念不强，导致了当前乡村司法宣传工作开展难度较大。第二，乡村司法宣传所采用的宣传手段单一，效果不尽如人意。多数乡村司法法治宣传主要依靠大喇叭通知召集村民开大会的形式，这种形式的好处是醒目，但是不足之处是容易照本宣科，群众听得似懂非懂，缺乏与民众之间的有效沟通和交流，也缺乏针对不同对象的因材施教，容易与民众产生距离感，将法治宣传活动当成一种形式主义任务，无法充分激发群众学习法律的积极性和主动性，从而导致人民对法律缺乏信任和理解，容易将其束之高阁。

（三）涉农执法观念落后，未能与时俱进

乡村涉农法律的公正执行是全面依法治国的关键和难点，因为法律的生命在于其有效执行，这是法律运行的最终结果，也是法律存在的意义。因为乡村法律在立法和宣传方面存在缺陷，从而直接制约了第三个环节的进展，导致乡村执法观念滞后，未能跟上时代的步伐。第一，在执法过程中，存在着一些未被充分考虑的因素。这种情况会对执法效果产生影响。第二，部分执法人员法治意识落后，尚未从管理向治理和服务转变。党的十八届三中全会提出了治国方略由管理到治理的转变，虽仅一字之差，却对执法人员的执法理念转变提出了新要求。第三，乡村基层涉农执法人员法治素养较低，法治水平有限，进一步阻碍了执法效能的发挥。由于乡村基层涉农部门对法治教育重视不够，对乡村基层执法人员缺乏定期的培训和监督，导致他们的法治观念未能与实际情况紧密结合，与时俱进。

四、乡村法治文化建设不完善

法治文化对人们的影响是一项漫长而复杂的过程，需要长期耕耘和不断完善。在这个漫长的过程中，我们需要不断加强对法治文化建设工作的重视程度。由于小农经济和农耕文化的影响，我国农村长期以来的经济发展相对滞后，导致乡村地理位置相对封闭，乡村法治文化建设不尽如人意。

（一）传统"人治"观念依然存在

自改革开放以来，党和政府一直致力于推进乡村法治治理，积极开展"五年普法""送法下乡"运动以及扫黑除恶等专项法律治理行动。

特别是在新时代，全面依法治国理念的提出，为弥补乡村法律资源供给不足、法治落后的缺陷，国家大力推进乡村公共法律服务体系的建设，然而在实践中，"人治"依然有群众基础。究其原因，主要是因为农村地区存在着"乡土情结"。传统的"厌讼""息讼"观念导致村民在面对矛盾纠纷时，习惯寻求双方熟人或村里德高望重的中间人斡旋协调解决，若协调不成，则寻求村委会作为权威力量"居中裁判"，这两个步骤是解决生活中大多数纠纷的有效途径。只有在解决少数复杂问题需要协调和村委会调解的情况下，村民才会被迫通过法治途径向法院提起诉讼或寻求其他法律公共服务。这就是我国农村普遍存在的一种社会治理模式——"熟人社会+熟人司法"。

（二）基层司法权威略有不足

司法在社会体系中扮演着代表公平和正义的重要角色，其定纷止争的能力取决于社会成员对其权威的认可和信仰的程度。随着国家法治化进程加快，农村纠纷数量激增，基层法官面临着巨大挑战。当村民的权益受到侵害时，由于法治本身的权威不足，他们更倾向于寻求政府的帮助，而非诉诸法院"。这造成了司法在乡村治理过程中地位不高，导致了司法制度的不完善和执行难问题。由于历史和现实等方面的因素影响，农民法律意识相对淡薄，对法律的信仰度较低。乡村法治体制机制建设不足，导致基层法官行政化，审判职能与行政职能混淆，法官的职责更多是解决纠纷而非严格执行法律。

（三）法治人才流失

随着城市化进程的加速，农村人口的流动性日益增强，大批具备能力、思想和文化素养的乡村精英拥入城市。由于乡村经济的滞后和城乡差距的明显存在，新一代年轻人在高考考入大学后选择留在城市，而非回到他们的家乡。同时随着工业化和城市化进程不断推进，一些地方政府为了吸引人才而完善福利制度，致使大批优秀人才流向城镇地区，导致乡村人才外流问题日益严峻。因此，尽管乡村人才流失问题不仅局限于法治人才，但由于乡村社会法治化发展滞后于经济和政治发展等其他领域，因此法治化人才流失的现象更加显著。

第五节 推进乡村治理法治化的路径

乡村治理法治化是乡村社会充满活力、和谐有序和繁荣发展的重要保障。法治是实现乡村有效治理的桥梁与纽带，通过规范与建构，发挥法治在乡村治理中的作用，进而推动乡村治理法治化，构建自治、法治、德治相结合的新型乡村治理体系。

一、健全新时代我国乡村法治治理体系

为了协调国家法与乡村固有风俗习惯等民间法之间的矛盾，促进新时代乡村治理法治体系的健全，我们需要加大改善乡村法治建设投资力度，充分发挥法治效能，最终实现新时代乡村法治治理体系的建设。

（一）尊重乡村风俗习惯，化解与国家法的矛盾冲突

要实现乡村治理的法治化和村民自治的法治化，必须将直接治理和间接治理相融合，以促进宪法和法律更好地维护村民权利。一方面，在协调处理国家法与乡村固有风俗习惯之间的关系时，我们必须始终坚持与时俱进，注重理论与实践的有机结合，以达到辩证统一的目的。同时还要注重运用法治思维方式，在国家法的指导下，发挥乡村特有风俗的积极作用，推动国家法对乡土社会的有效管理，从而促进农村经济发展，推进社会主义现代化建设进程。在乡村法律实践中，加强国家法律制定的效力是至关重要的一环。另一方面，我们应当坚持将国家制定的法律与乡村的风俗习惯相互融合，以达到相辅相成的效果。在依法治国

方略实施过程中要注意协调好二者之间的关系。在乡村社会治理的混乱和失序中,将当地的风俗习惯与国家法律相互融合,以达到更加有效的治理效果。通过国家引导和规范乡村习俗,使其成为一种可供利用的资源。为了缓解国家法与乡村固有风俗习惯之间的矛盾和冲突,需要采取措施使法律更具温度、更接地气,以更好地适应社会需求。只有这样,才能真正发挥出国家法规范乡村社会秩序的作用。为了符合乡村治理的优良风俗习惯,我们需要将其上升为乡村法律法规,这是国家法制定的理论基础和实践支撑。在制定国家法的过程中,必须以人民为中心,只有这样才能真正实现对人民来说,对国家法的有效利用。国家法对乡村固有风俗的尊重也体现了其对乡土社会文化的尊重和保护。为了确保国家法的制定与乡村固有风俗习惯相适应,同时保持治理目标的一致性,必须在充分了解社情民意和乡规民约的基础上进行大量的调查实践研究,制定出符合实际的法律。在新时代乡村生产生活的伟大实践中,我们需要及时调整和引导落后的乡规民约和风俗习惯,以继承和发扬乡村优良风俗习惯,从而推动我国乡村治理与时俱进,焕发出新的生机和活力。

(二)发展乡村经济和文化,形成乡村法治常态化机制

乡村经济发展落后限制了乡村法治建设,为此,应从乡村经济建设与法治教育两方面着手推进乡村法治机制常态化。第一,发展乡村经济,促进农业增产、农村变强、农民增收。农民问题历来是中国社会发展的首要问题,当下仍然是我国建设和发展的首要问题。因此应坚持把"三农"工作摆在首要位置,加快推进现代农业建设,不断提高农产品供给质量和水平,增强市场竞争力,加快建设社会主义新农村,着力推进城乡统筹协调发展,不断提高农民收入和生活水平。第二,加强乡村法治文化教育,完善常态化法治体制机制。经济发展引发了乡村物质利益的新纷争,因此需要通过法治手段定分止争、规范乡村秩序、保障与

实现村民权益，使乡村基层民主政治走向更健康的轨道。随着乡村经济水平的不断提高，村民对法治的需求显得更为迫切，然而，村民不可能内生法治意识与理念，所以需要借助教育手段将法治思想潜移默化地灌输给他们。此外，应加大学校法治教育基础设施的建设力度，让乡村子女在童年时期就树立起法治观念。通过政策推广和法治人员培训，进一步完善乡村法治体制机制，以确保法治建设常态化。

二、明确乡村法治治理主体权责边界

要想实现乡村治理法治化，形成新时代乡村多元共治的法治治理格局，就要明确乡村法治治理主体权责边界，打造多元法治治理主体的协同机制，积极推进乡村全面依法治村的建设，实现乡村有序治理。

（一）明确乡镇基层政府职能定位

作为国家涉农法律文件的执行先锋，乡镇基层政府是基层法治宣传和执行的重要机构。乡镇基层政府应当充分发挥其作为法治宣传和实施的桥梁纽带的作用，以促进法治的普及和推广。乡镇干部应当增强法律意识和依法办事能力，在工作中树立良好的执法形象，切实维护群众合法权益。在建设法治乡村的过程中，必须充分发挥上传下达的纽带作用，以确保其有效发挥作用。明确乡镇基层政府的职能定位，以提升法治执行效能。第一，乡镇政府应当加强自身行政执法人员的专业素养和技能水平。提升执法素质，规范执法行为，强化法律监督职能。加强法治队伍建设，整合法治资源，提升法治能力和水平，以高效方式推进基层乡村法治治理。第二，加大法治的宣传力度，以提高公众对法治的认知和理解。增强广大农民的法律意识，为实现乡村振兴打下良好的基础。应加大农村普法力度，在法治宣传过程中始终坚持维护人民群众的根本权益，真正实现以民为本的执政理念，促进乡村社会的公正与平等。第三，必须对乡镇基层政府的服务和管理职能进行全面升级和优化，以提升其效能和质量。乡镇基层政府应当对机构进行精简，优化运营模式，提升行政执法效率，以服务于民众为己任。同时坚持以法律为准绳来治理乡村社会，解决乡村社会矛盾，运用法律手段来维护和保障村民的权益，注重反映社情民意，创新乡镇基层政府的法治方式，从而营造出一个良好的乡村法治氛围。

（二）提高农村基层党组织法治能力

在乡村的发展和治理中，农村基层党组织扮演着领导核心的角色，因此党中央法制办应当充分发挥其在乡村法治顶层设计方面的领导核心作用。在全面推进依法治国和乡村振兴战略的大背景下，农村基层党组织在制定乡村法治治理的大政方针时，必须明确主次，先解决阻碍乡村法治建设主要问题及其主要方面，再解决乡村法治建设次要问题及其次要方面。全面推进法治乡村建设和全面依法治国，需要农村基层党组织具备远见卓识，统筹协调布局，同时在整体推进过程中督促落实，以确保乡村法得以贯彻落实，为乡村振兴这一关键领域提供有力支撑。为了实现乡村治理的法治化，必须提升农村基层党组织的法治素养，充分发挥其在法治建设中的领导核心地位。

（三）加快村民委员会法治建设

村民委员会是基层群众自治中最直接的依托机构，提升村委会的法治能力和水平，对实现乡村治理法治化意义重大。在基层村委会的组织架构下，村民自治应当充分挖掘村民的首创精神。引导村民通过学习、了解、领悟和信仰法律，运用法律工具来捍卫自身权益。村民的法律意识与国家法律规范相统一，从而使村民能够更好地参与到民主政治生活中来。进行乡村法治建设，村民委员会需要做到：第一，选好"法治带头人"。为了实现乡村法治的普及和发展，必须寻找那些在法律领域具有先锋作用的人才，他们将成为农村法治建设的引领者，引领着未来的发展。在村庄中筛选出一批具有快速接受能力、乐于从事工作、懂得奉献精神的法治种子人才，以学法为先，再传授法义。第二，大力发展乡村市场经济，提高村委会法治建设水平。村委会的法治建设应有一定的物质基础支撑，因此应当重视振兴乡村经济，优化收入分配和政府补给，弥补乡村法治的物质缺陷，提升乡村村委会主体法治实践的能力，并积极推进基层法治实践的发展。第三，着力提高村民的精神文化水平，调动其参与的积极主动性。村民的文化素质越高，法律意识越强。当村民的精神文化水平得到提升时，他们对各方面的文明法治的接纳能力也将得到增强，不断感受到学法的重要性，尊法的同时也有助于村民行为更加符合法治规范，能够用法律来维护自身的权益。此外，激发他们参与村民法治实践的积极性和主动性，从而促进基层村委会法治水平和能力的不断提升。

三、加强乡村治理立法、司法以及执法的连贯性建设

乡村治理法治化的最终实现依靠立法、司法以及执法三者相辅相成的有机统一的成果。推动乡村法治运行的立法、司法以及执法的一致性、连贯性建设，才能有效解决涉农立法中存在的法律缺失问题、司法宣传力度和范围的问题，转变不合时宜的法治执法观念，进而助力乡村治理法治化的实现。

（一）坚持乡村涉农立法先行

针对农业、农村和农民的实际情况，国家在涉农领域必须制定善法，即在立法过程中必须对农村的实际生产和生活进行充分的调查和研究，这样才能够真正制定出符合我国国情的法律和政策。推动乡村立法先行，可从以下三点着手：第一，要因地而异，立善法于乡村。立法工作中应加强科学化立法，将法治理念贯穿于乡村经济、政治、文化、社会和生态建设的全过程中，充分发挥立法的先导作用。只有通过确立法律依据，保障村民的合法权益，并满足人民对民主法治、公平正义的追

求，我们才能实现真正的法治化。第二，要重视涉农立法，减少农村相关法律盲区。在中华人民共和国农业农村部官方网站的公开栏目中，可以浏览到大量关于农业农村问题的法律、行政法规、规章制度以及政策文件，这些文件涵盖了相关领域的各个方面，其中有许多与农业、林业、渔业、畜牧业等多个领域相关的法律法规，这些法规都紧密关联着民众的生活。随着农村市场的蓬勃发展，涉农领域相关法律的空缺日益凸显，因此需要更加完善的法律体系来予以支持。第三，坚持乡村涉农立法成熟一批就发展一批，为乡村经济发展提供法律支撑，促进乡村社会的经济、政治、文化、社会和生态建设的全面发展。通过这样的方式，成功地实现时间的高效利用，同时提升法律的时效性。

（二）加大涉农司法宣传教育力度

司法宣传和教育是有效解决纠纷和化解矛盾的一项至关重要的工作，必须得到充分重视。只有在法律法规和各项规章政策出台后，才能确保法治教育的宣传工作得到责任人的具体落实，因此需要充分发挥司法部门的宣传作用，配备专门人员进行宣传，并以人民群众乐意接受的方式进行宣传。通过司法法治的广泛宣传，使法治理念和法治方式深入乡村居民的内心深处，有机融入乡村村民的日常生活中，以促进法治意识的普及和推广。主要从以下三方面入手：第一，从乡村司法教育入手，加强对与村民日常生活密切相关的法律知识的宣传，以提高村民的司法素养。第二，以乡村公开司法审理为切入点，派遣法庭，以为乡村打官司提供便利，精选乡村公开法律案件进行开庭审理，扩大公开审理案件的规模，特别是针对在十里八村中具有广泛影响力、引起村民浓厚兴趣的法律案件。通过挑选容纳众多民众的开放场地，公开审理司法程序，以确保程序的合法性和结果的公正性，通过生动的案例教育广大村民，提高他们对法律公平正义的认知和理解，从而营造出浓郁的乡村法治氛围。同时还可以利用审判公开这一平台加强对乡村社会生活领域的监督，促进乡村自治制度的落实，有效解决农村纠纷问题。第三，以乡村司法基础设施建设为切入点，建立相应的法治宣传定点，提供定期开放的法律宣传，协助乡村建立完善的法治宣传体系，采用多样化的法治方式和方法，从而形成长效的乡村法治宣传机制，最终通过司法宣传，为乡村法治治理的顺利实施奠定坚实的基础。

（三）坚持涉农执法为民

为了促进乡村立法先行、司法宣传以及公正高效执法的连贯性建设，我们必须打破陈旧观念，坚持以民为本的执法理念，跟上时代步伐，促进城乡法律资源均等化，为乡村振兴和全面依法治国的实现提供有力支持。第一，贯彻落实涉农法律，做到执法公平公正。我国的农业立法旨在实现乡村的善治和良治，为了确保乡村法律的公正性和透明度，必须建立一个强有力的执法体系，以打破利益的固化，及时调整和解决法律过程中出现的应急情况，并扩大涉农普法的对象范围。第二，打造乡村执法队伍，必须打造一支高度专业化、为民服务、技能精湛的法治队伍。（1）必须完善并贯彻涉农执法的体制机制，秉持文明执法的原则，推动执法力度和效度的公平正义，建立健全农村法治监督长效机制。消除有选择性的执法行为，构建完善的司法体系，确立司法公正，维护法律权威，将法治贯彻于人民的生产、生活和思维方式之中，真正实现人民群众发自内心对法律的真正拥护和信任。（2）要提升执法人员的法治素养和水平，以消除他们消极作为的法治观念。提升法治从业人员的专业素养和技能水平，直接关系到法治效能的充分发挥。要加强法治从业人员的思想政治教育，增强执法者自觉守法意识。定期组织执法人员参加法律学习培训、法律专业技能测试以及法治实践等一系列活动，以提升其法律素养和法律能力，并吸引更高素质的法律从业人员，更好地为人民服务。

四、培育乡村法治文化

法治的意义并不仅在于其制定以及实施的过程，还在于其在实践中与当前文化的融合，从而产生积极的影响。乡村治理法治化不仅是一种理念和价值取向，更对农村社会发展具有重要的促进作用。要实现乡村治理的法治化，必须培育一种深受基层群众认可的法治文化。

（一）培养法治思维和法治意识

针对乡村治理法治化的多元主体，必须加强对其法治思维的培养，以确保法治在实践中的有效性和可持续性。在当前的乡村治理中，出现了一些问题，如主体之间的缺失和越位，对自治民主的破坏等，这些问题在某种程度上可以归因于治理主体缺乏法治思维，因此必须培养各类主体的法治思维，以规范有序地行使权利。为了将各类主体的法治教育培训真正落到实处，促进学习的常态化，基层治理者也应该积极发挥自身的主动性，特别是党员干部要以身作则，成为法治的宣传者、维护者和践行者。我们必须清醒地认识到，乡村社会的发展已经进入了一个新的历史时期，传统思维和治理方式已经不再适用，必须转变思维方式，以法治思维武装头脑，依法参与治理。此外，对普通村民而言，提升其法治意识的关键在于将乡村群众法治意识的培养纳入法治化战略的全局之中，并以长远发展的视角来推进。尽管经过多年的教育和宣传，乡村居民的法治观念得到了一定程度的提升，但在实际生活中，仍然存在着亟待解决的问题。特别是在当前国家大力实施乡村振兴战略背景下，农民的法律意识普遍不高。因此，在持续推进乡村法治教育和将法律送至农村的过程中，必须让村民深刻认识到法律的价值和作用，认识到法律不仅是他们生活处事的准则，更是他们捍卫个人利益的有力工具，引导乡村居民在日常生产和生活中逐步树立起对法治的信仰。

（二）增强基层司法权威

在公共法律服务体系的建设中，基层司法所面对的是广大基层民众，其作用至关重要。然而，乡村社会治理法治化进程受到基层司法本身及司法工作人员权威不足的现实困境的制约。因此，如何破解这一困局成为当前我国农村法治实践亟待解决的问题。充分发挥基层司法在基层扎根、贴近群众方面的优势，积极开展广受欢迎的法治宣传教育活动，切实提升法治宣传的针对性和实效性，消除群众的偏见，培养村民的法治意识，重塑基层法治的权威。法律从业者，特别是基层法官，必须深刻理解基层司法的本质，并将其与行政实践区分开来。在执法办案中，不能因为追求快速解决表面问题，削弱法律适用、忽视法治权威，而应深刻理解司法治理的内核，回归司法治理的本质，依法治理，将法律视为治理的工具，体现法律至上的精神。

（三）大力建设法治人才队伍

建设"法律明白人"人才队伍，国家的目标要求十分明确，那就是"到2025年，'法律明白人'培养工作普遍开展，每个行政村至少培养3名'法律明白人'，基本形成培养机制规范、队伍结构合理、作用发挥明显的'法律明白人'工作体系，形成一支素质高、结构优、用得上的乡村'法律明白人'队伍"[1]。鉴于我国乡村法治建设面临覆盖面广、点多、基础薄弱、结构不平衡等现实问题，我们需要打造一支高素质的法治乡村建设人才队伍。这不仅需要坚持不懈地推进"送法下乡"和人才输送等"输血"工作，更需要在乡土扎根，立足于乡村地区，培养具有较好法治素养和一定法律知识的人才，他们愿意积极参与法治实践，能够发挥示范带头作用。同时，我们还需要发挥他们扎根

---

[1] 中央宣传部、司法部、民政部、农业农村部、国家乡村振兴局、全国普法办公室.乡村"法律明白人"培养工作规范（试行）[S]．司法部．2021-11-8.

基层，人熟、地熟、事熟的优势，培养一支群众身边的普法队伍和基层社会治理的"生力军"，为法律知识在乡村的广泛传播、法治信仰的深入培育以及司法实践在乡村的有机运用打下坚实的基础，增强我们的力量。

第六章

德治为根：筑牢乡村振兴之魂

基层治理是国家治理的基石，亦是推进国家治理现代化的基础工程。在国家治理现代化大背景下，为了满足乡村治理内部的有效诉求和新时代"以人民为中心"的发展理念，"党的十九大报告明确提出实施乡村振兴战略，并强调加强农村基层基础工作，健全自治、法治、德治相结合的乡村治理体系"[①]。国无德不兴，人无德不立。要实现全面建成小康社会的宏伟目标，必须把立德树人作为根本保障，而这一切都离不开德治。国家将德治融入乡村治理范畴，旨在发挥德治"柔风细雨、润物无声"的教化、引导和约束作用，追求实现乡村善治的理想目标。

第一节 乡村治理德治建设的内涵与作用

"中国特色社会主义进入新时代，我国社会主要矛盾已经转化为人民日益增长的美好生活需要和不平衡不充分的发展之间的矛盾。"[②] 这意味着满足亿万农民精神层面的需要和美好生活的需要已经成为当前乡村治理现代化的重要命题。

---

① 高其才.健全自治法治德治相结合的乡村治理体系[J].农村·农业·农民（B版），2019（3）：42-43.
② 习近平.决胜全面建成小康社会，夺取新时代中国特色社会主义伟大胜利：在中国共产党第十九次全国代表大会上的报告[R].北京：人民出版社，2017：11.

<<< 第六章 德治为根：筑牢乡村振兴之魂

一、乡村治理中德治的内涵

德治作为新时代乡村治理体系中的重要组成部分，既是基于中国传统德治文化的基因延续，也是当前推进"以德治国"方略向基层下沉的延伸。

（一）乡村治理体系的内涵

在厘清"德治"的内涵之前，有必要明确"治理""乡村治理"以及"乡村治理体系"等基本概念。"治理（governance）"一词源自拉丁语和古希腊语，指的是国家和政府等社会公共机构通过自上而下的方式对社会公共事务进行管理，蕴含着掌控、操纵、引领的内涵。"乡村治理"一词则来源于西方政治学中关于农村政治组织与功能方面的研究，徐勇教授认为："乡村治理是指通过解决乡村面临的问题，实现乡村的发展和稳定。"[1] 贺雪峰教授结合新的语境对"乡村治理"这一概念赋予新的含义："乡村治理是指如何对中国的乡村进行管理，或中国乡村如何可以自主管理，从而实现乡村社会的有序发展。"[2] 乡村治理是一项复杂的过程，需要各种主体运用公共权力来解决乡村社会现实问题，其最终目标是实现乡村的有序发展。新时代乡村治理体系以乡村社会现实问题为基础，旨在将治理主体、治理内容和治理形式有机融合，实现自治、法治和德治三者的相互补充、相互促进、相得益彰，从而在三者的良性互动中推动新时代乡村社会实现善治。

（二）德治的内涵

作为上层建筑中的一种意识形态，道德的存在是由特定的经济基础所决定的，同时，道德又以其独特的行为规范形式，对特定的社会经济

---

[1] 徐勇. 挣脱土地束缚之后的乡村困境及应对：农村人口流动与乡村治理的一项相关性分析 [J]. 华中师范大学学报（人文社会科学版），2000，39（2）：6.

[2] 贺雪峰. 乡村治理研究的三大主题 [J]. 社会科学战线，2005（1）：219.

生活产生反作用。我国历史悠久的"德治"传统，将道德理念融入政治治理和社会治理中，渗透到国家和社会的各个领域，成为传统社会"德治"的杰出典范。随着社会主义市场经济体制的建立与完善，"德治模式"已不能完全适应现代社会发展需求，必须进行变革。在新时代的德治实践中，必须明确传统德治和当代德治的内涵差异，并进行时代传承和更新，这是必要的前提条件。

1. 传统社会"德治"的内涵

中国传统德治思想源远流长，经历漫长的发展历程，在历史的兴替中通过儒家伦理纲常对个体进行自我规范，从而基本构建了以"德主刑辅"为主要特征的治国方略，实现了儒家思想与政治的有机融合。中国传统德治的内核贯穿于"修身""齐家""治国""平天下"的方方面面，德治已成为国家治理不可或缺的重要工具。

2. 现代社会"以德治国"的内涵

进入现代社会，"以德治国"方略的提出旨在坚持以马克思列宁主义、毛泽东思想、邓小平理论、"三个代表"重要思想、科学发展观、习近平新时代中国特色社会主义思想为指导，构建一个与社会主义市场经济相适应、与社会主义法律体系相配套的社会主义思想体系，使其成为全体人民普遍认同和自觉遵守的行为准则。这是我们党对社会主义建设规律的深刻领悟，也是社会主义民主政治的内在体现。"以德治国"的核心和原则在于为人民提供服务和集体主义，其基本要求是热爱祖国、人民、劳动、科学和社会主义，其落脚点在于建设社会公德、职业道德、家庭美德和个人品德。从"以礼治国"到"以德治吏"再到"以德治国，依法治国"，无不体现出古代儒家文化影响我国传统政治文化所形成的巨大张力。尽管社会主义"以德治国"思想源自传统儒家的"德治"思想，但其实质与之存在着根本性的差异。从内容来看，儒家所崇尚的"德"是一种基于"三纲五常"和"三从四德"的道德规范，而在当今的"以德治国"中，"德"所代表的是最广泛人民根本利益的社会主义道德。从目的来看，传统文化所倡导的"德治"理念注重于向民众灌输道德观念，以达到培养其羞耻心并促使其顺从封建阶级统治的根本目的，而当今"以德治国"的目标在于提升人民群众的道德修养和从政为官者的道德素质。

3. 新时代乡村治理体系中的"德治"内涵

新时代的德治建设不仅是对传统文化德治内涵的继承和发展，更是现代社会"以德治国"在乡村治理层面的拓展和延伸。"以德治村"作为一种全新的治理范式，为依法治村和村民自治提供了有益的补充，同时也为提升新时代乡村治理的有效性提供了新的机遇。同时，"以德治国"也为解决当前农村存在的各种问题提供了新思路和新视角。通过推进"以德治村"，不仅可以提升基层党政干部的道德素养，发挥其示范带头作用，同时也能够引导基层人民群众崇尚道德、追求善良，形成文明乡风，从而促进新时代乡村治理现代化的稳步前进。推进新时代乡村治理体系中的"德治"建设，需要深入挖掘中国传统文化、马克思主义、西方文化以及乡村熟人社会所蕴含的道德规范，并将其与新时代的要求相结合，以实现有效整合。在此基础上，借助道德教育的力量，深化村民对道德规范的情感认同，使其形成共同的道德信仰、道德心理和道德意识，并将其内化为道德准则和道德意志，最终转化为道德行为和道德习惯。

二、乡村治理德治建设的作用

德治是我国治国理政历史上形成的优良传统和宝贵经验，在新时代乡村治理体系中融入德治建设能够促进乡村自治有效发展、健全"三治合一"的乡村治理体系，能够推进国家治理体系和治理能力现代化，能够推动"两个一百年"伟大奋斗目标的实现。

(一)促进乡村自治有效发展

基层群众自治制度作为我国基本政治制度之一，不仅是社会主义民主政治的重要组成部分，更是当前发展全过程人民民主实践中至关重要的一环。长期以来，我国乡村社会的村民自治实践塑造了村民的自我认同、乡村公共理性和集体认同，从而成功维护了基层社会的稳定，并推动了乡村社会的转型和发展。然而，随着现代化国家的建设对乡村共同体所带来的冲击和分裂，村民自治也陷入了制度上的瓶颈和治理上的失效，从而导致了一系列复杂的问题和挑战。因此，党的十九大报告将德治纳入乡村治理体系的范畴中，探索以德治的柔性力量来激发自治有效性。在我国的乡村地区，依然广泛存在着以"能人治村"为主导的治理模式。这种情况下，如何提升村庄中能人道德水平是当前推进乡村振兴战略需要解决的一个重要问题。随着乡村治理的畅通，那些具备高尚道德素养的能人，能够更好地站在人民群众的立场上，把自己所掌握的资源转化为一种力量去影响村民，从而带动其他群体参与到乡村治理中来。虽然这些人才可以通过选举途径成为村干部，但由于乡村社会的自治性，村干部在推行各种政策和主张时缺乏足够的权力和影响力。同时，村干部也难以获得来自农民群体内部的理解和信任，更无法实现与农民之间良好关系的建立。因此，只有以高尚的道德情操和卓越的社会声望为支撑，村干部才能赢得村民的情感认同和支持，成为乡村建设的引领者。因此，必须将村务工作与道德教化结合起来，使之融入农村生活，形成一种以道德为纽带的有效运作机制。

(二)健全"三治合一"乡村治理体系

作为推动新时代乡村繁荣发展的"三驾马车"，自治、法治和德治三者相互补充、相辅相成。乡村治理体系的完善需要自治、法治和德治的有机结合，这是一个庞大而复杂的系统工程。当前我国农村社会正处于传统向现代转型阶段，自治、法治和德治之间还未形成一种良性互动关系。在乡村治理中，自治作为基本机制，从主体层面进行划分，而法治和德治则从内容和方式层面进行划分，成为乡村自治的基本载体和方式。在实现自治这一基本目标的过程中，法治是基础，德治是关键。在德治和自治功能失调的情况下，法治作为一种强制力来确保治理的顺利实施，而实现自治和实施法治则需要以德治实践为伦理支柱。因此，乡村社会要想获得良好发展就必须注重发挥德治作用，只有坚持以德治促进自治，以德治滋养法治，才能建立完善的"三治合一"乡村治理体系，更好地处理矛盾冲突和利益纠纷，推动新时代乡风文明的形成。

（三）推进国家治理体系和治理能力现代化

乡村社会作为国家治理体系的基石，其稳定和谐直接关系到国家整体的安全与发展，是国家治理体系中不可或缺的重要组成部分。因此，在推进国家治理体系与治理能力现代化建设的进程中，乡村治理的作用不可小觑。当前，随着改革开放的深入推进以及社会主义市场经济的不断发展，我国正面临着前所未有的乡村治理压力。乡村治理现代化的推进离不开德治建设，加强新时代乡村治理体系中的德治建设，不仅可以提升农民的文明素养和文明水平，形成文明的乡风，从而夯实国家治理现代化的基础，同时也能完善乡村治理方式，有效治理农村不良风气，改善农民的精神文化生活，以填补国家治理现代化的短板。

（四）推动实现"两个一百年"奋斗目标

当前，我国正处于社会发展的新阶段，为了实现乡村振兴的宏伟蓝图与"两个一百年"奋斗目标，"只有在社会主义发展阶段问题上有符合实际的认识，才能以此为依据制定正确的路线方针政策"[1]。我们党为实现"两个一百年"的奋斗目标，制定了科学规划的战略安排。随

---

[1] 朱大鹏. 当代中国社会变革与"新版"社会主义[J]. 思想教育研究，2018（10）：68.

着第一个百年奋斗目标——全面建成小康社会的建成,党的十九大针对第二个百年奋斗目标制订了具体的阶段性规划,其中第一个阶段的目标是在全面建成小康社会的基础上,持续奋斗十五年,最终实现社会主义现代化的基本目标,时间跨度为2020年至2035年。这是一个具有里程碑意义的时期。在2035年至本世纪(21世纪)中叶的第二个发展阶段,我们将持续不断地推进现代化进程,经过十五年的不懈努力,致力于将我国打造成为一个富强、民主、文明、和谐、美丽的社会主义现代化强国。推进新时代乡村德治体系建设,将为七大国家战略的实施提供强有力的支撑,同时为五大文明的全面提升注入新的动力,最终实现"两个一百年"奋斗目标。

第二节 新时代乡村治理中德治实践取得的成就

在乡村治理体系中,德治发挥着举足轻重的"补位"作用,成为自治的重要依托和法治的重要补充。因此,在实现乡村治理体系和治理能力现代化的过程中,党和政府的乡村德治政策支持逐步加大,乡村德治的实践经验不断丰富,乡村德治水平显著提升。

一、乡村德治政策支持逐步加大

(一)顶层政策供给增多

乡村德治在新时代党和政府的顶层政策供给中扮演着至关重要的角色。乡村德治是实现国家富强和民族复兴的必然要求。在乡村治理中,中国共产党一直高度重视乡村道德建设,将其视为加强社会主义精神文明建设的重要领域,这一点可以从《中共中央关于社会主义精神文明建设指导方针的决议》《中共中央关于加强社会主义精神文明建设若干重要问题的决议》《公民道德建设实施纲要》《中共中央关于构建社会主义和谐社会若干重大问题的决定》等重要文件中得到证实。自党的十八大以来，以习近平同志为核心的党中央在顶层政策设计上强调了德治在乡村治理场域中的至关重要性，并将乡风文明融入新时代乡村治理的目标追求中。2017年10月，党的十九大报告首次将德治纳入乡村治理范畴。这意味着我国乡村治理进入了一个全新阶段——全面从严治党下的德治时期。2018年1月，《中共中央国务院关于实施乡村振兴战略的意见》中强调了农村文化的繁荣兴盛，旨在通过挖掘、创新、引导、表彰、宣传等多个环节的道德规则实践，提升乡村德治水平，并从"加强农村思想道德建设、传承发展提升农村优秀传统文化、加强农村公共文化建设、开展移风易俗行动"四个方面入手，以焕发文明乡风、良好家风、淳朴民风的乡村新气象。这就要求我们把乡村振兴作为一项长期而艰巨的历史任务和重大工程来抓。同年9月，中共中央、国务院印发了《乡村振兴战略规划（2018—2022年）》，其中强调了加强农村思想道德建设的重要性，包括但不限于实践社会主义核心价值观、巩固农村思想文化阵地以及倡导诚信道德规范。《乡村振兴战略规划（2018—2022年）》从"保护利用乡村传统文化、重塑乡村文化生态、发展乡村特色文化产业"方面弘扬中华优秀传统文化；从"健全公共文化服务体系、增加公共文化产品和服务供给、广泛开展群众文化活动"方面丰富乡村文化生活。为了促进自治、法治、德治的有机结合，我们需要营造一个文化软环境，以繁荣乡村文化为基础，为乡村德治创造良好条件。

（二）更加注重政策落实

2019年3月，中共中央、国务院印发了《关于加强和改进乡村治理的指导意见》，其中再次将培育和践行社会主义核心价值观、实施乡风文明培育活动、发挥道德模范的引领作用和加强农村文化引领等作为乡村治理中的主要任务，也是配合乡村德治实践的重要举措。同年10

月，中共中央、国务院基于时代发展和群众实践，发布了《新时代公民道德建设实施纲要》，详细探讨了新时代公民道德建设的总体要求、重点任务、教育引导、实践养成、网络空间道德建设、制度保障和组织领导等七个方面，为新时代乡村德治的实践提供了宏观的理论指导。随后，中央又连续出台多项政策文件支持乡村德治工作的开展，对提升村民自治能力和水平、实现城乡融合发展具有重大而深远的意义。2021年4月，经第十三届全国人民代表大会常务委员会第二十八次会议表决通过，《中华人民共和国乡村振兴促进法》正式实施，其中关乎乡村德治的第三十条要求"各级人民政府应当采取措施丰富农民文化体育生活，倡导科学健康的生产生活方式，发挥村规民约积极作用，普及科学知识，推进移风易俗，破除大操大办、铺张浪费等陈规陋习，提倡孝老爱亲、勤俭节约、诚实守信，促进男女平等，创建文明村镇、文明家庭，培育文明乡风、良好家风、淳朴民风，建设文明乡村"。这为乡村德治提供了优越的外部环境和顶层支持。

二、乡村德治实践经验不断丰富

近年来，各地在认真贯彻落实党中央以德治村的重大部署中，收获了一批优秀的实践经验。自2019年6月至2022年12月，中央农办、农业农村部已连续推出了四批共计123个全国乡村治理典型案例，起到了引领示范的重要作用。这些典型案例都包含了基于当地实际情况而开展的具有鲜明特色的德治实践活动，其中既有市、县层面的开拓创新，也有村、镇层面的实践探索，有效解决了乡村治理中的一些难点、痛点和堵点，充分体现了较强的实用性和可借鉴性。

（一）将德治寓于村规民约

在村规民约中融入德治思想，倡导公序良俗，倡导文明乡风，已成为各地广泛实践的一种做法，各地各有特色的村规民约不断丰富乡村德治的实践形式。第一,从村规民约的制定来说,根据不同地区的实际情况进行因地制宜的调整,以确保村规民约的规范性和实际可行性,这是各地在探索和积累实践经验方面的重要任务。比如,浙江省桐乡市,以"一约两会三团"打造三治融合的实践平台,村规民约在强调村民参与的同时,着重强调文明餐桌、厉行节约、革除陋习等方面的重要性。第二,在实施过程中,为确保村规民约能够深入人心,各地积累了相当丰富的实践经验。比如,北京市顺义区,居民们以歌曲、快板、墙画、标语口袋本等多种形式享受着新闻的乐趣,同时也以通俗易懂的方式创建新村规民约,并成立执约小组,以完善执行机制;广东省惠州市采用"法德讲堂"这一形式,将普法和传德有机结合,不仅普及法律知识,更将社会主义核心价值观和道德文化观念传递至社会。第三,在村规民约中,监督奖惩是一项至关重要的环节,它能够确保村规民约在实践中得以落地生根,而积分制和农村道德模范的评选则是当前广泛采用的一种奖惩监督方式。从实践来看,这些激励手段可以有效促进村规村治制度实施效果的发挥。比如,湖南省新化县油溪桥村将村规民约内容纳入积分管理,设置了35个加分项和41个扣分项,以"一事一纪律、一月一审核、一季一公示、一年一核算"为执行程序,积分结果与"两委"换届的提名和村集体收入分红挂钩。

(二)开展移风易俗

开展移风易俗,革除乡村陋习,构建文明乡风也是一些乡村推行德治的具体措施。目前,乡村地区的移风易俗活动主要集中在整治婚丧嫁娶等方面。比如,河北省邯郸市肥乡区以破除婚葬陋习为突破口,规范红白喜事推进移风易俗,区纪委发布了一份通知,要求党员干部带头移风易俗,严禁大操大办婚丧喜庆事宜,并制定了《移风易俗节俭操办红白事参照标准》,奖惩结合,有效遏制了区内盲目攀比、大操大办和天价彩礼等不良风气;山东省沂水县在推进乡风文明建设的过程中,通过殡葬改革，引导农民将逝者安葬在公墓，并对大操大办和高额殡葬费用进行整治，同时革除传统殡葬中的陋习，实现了"逝者有安，生者减负"的目标，同时营造出文明节俭的殡葬文化；河北省河间市在推进乡风文明的建设中，以破除婚葬陋习为突破口，市委层面制定了《关于在全市城乡深入开展移风易俗工作实施的意见》，乡镇层面则制定了红白理事章程并成立了红白理事联合会，同时还制定了《红白事参考标准》，村级层面完善村规民约，明确婚葬事宜流程和赏罚规则。

（三）发挥新乡贤群体作用

发挥新乡贤群体的作用和注重家风传承及建设也是当前乡村德治实践中的基本经验。比如，宁夏回族自治区吴忠市红寺堡区在推选群众代言人时，就将"办事公道、仗义执言、群众威望高、热心村级事务和致富能人"作为重要推荐标准，获得了民众广泛的认可和支持；江苏省南京市江宁区在乡村振兴中，大力推选新乡贤，成立新乡贤议事堂，为乡村发展谋策略、理思路；陕西省旬阳县在实践中摸索出了"群众说事，广开言路定话题；新乡贤论理，激浊扬清明辨是非；榜上亮德，见贤思齐树典型；劝教帮改，润物无声促整改"四步走工作路子助力乡村有效治理，既提升了村民的自我管理能力并扭转了社会风气，又营造了良好的乡村德治环境且提升了乡村治理能力。

三、乡村德治水平显著提升

改革开放以来，从社会主义新农村道德建设到新时代将德治融入乡村治理体系中，农民整体道德水平正在逐步迈向现代化。

（一）生产劳动道德现代化

第一，随着现代化生产劳动的推进，农民的职业平等观念得到了加强，将"学而优则仕"视为农民光宗耀祖的传统农村观念已经逐渐演变为"三百六十行，行行出状元"。第二，随着党和政府全面推进依法治国基本方略，大多数农民通过普法宣传、法律下乡、法律讲堂、法律援助等多种途径加强了自身的法治观念，他们获得了基本的法律知识，并具备了知法、用法和守法的基本能力，能够依法从事劳动生产并通过法律途径化解矛盾纠纷。第三，农民的现代生产经营理念显著提升，他们开始注重提升自身的知识技能，将先进的科学技术和生产工具应用于劳动生产中，同时通过集体合作的方式实现专业化、规模化生产，以确保在市场经济的激烈竞争中占据有利地位，同时也增强了农民的诚信、平等合作和集体主义观念。

（二）社会交往公德现代化

随着城市化进程加速，人口流动趋势日益明显，传统的基于血缘、家族和村落界限的"熟人交际圈"已被打破。大多数农民成功实现了从传统公共伦理到现代公共伦理的转变，融入了新的社会大家庭中。大多数农民表现出了恪守法律法规、珍爱公共财产的良好素养。多数农民具备法治思维的基本素养，不仅能够运用法律手段审视自身行为，还能在面对矛盾冲突和利益纠葛时，积极运用法律武器维护自身合法权益。自觉维护公共设施，包括但不限于路灯、健身设施、公园桌椅等，坚决反对任意破坏和挪用。他们还懂得尊重他人，不做损人利己之事。在社交场合中，大多数农民表现出了优雅的社交礼仪和乐于助人的品质。在公共场合，以文明的言辞和行为，主动向有需要的人伸出援手。此外，不少农民还能够遵守公共秩序，尊重他人权益，积极参加公益事业。同时，大多数农民致力于改善公共空间环境卫生，积极践行"绿水青山就是金山银山"的环保理念，通过污水处理和垃圾分类等实际行动，配合开展"厕所革命"。

（三）家庭生活美德现代化

在家庭生活中，男女平等观念得到了广泛认可，促进了夫妻生活和工作中的民主、相互尊重和支持。在生育观念方面，传统的"养儿防老"和"传宗接代"等观念已经发生了转变，反映出人们对生育的重视程度有所提高。在婚恋观念方面，传统的"父母之命，媒妁之言"已被"自由恋爱"取代，成为主流选择，婚姻形式也由单亲家庭向核心家庭演变。在择偶标准中，不再只关注物质金钱，而是更加注重情感基础、学历、人品以及三观契合度等多个维度的综合考虑。在子女抚养和老人赡养方面，大多数农民表现出了高度的责任感，他们积极主动地承担起孩子的抚养和教育任务，成为合格的父母。

第三节　新时代乡村治理中的德治困境

自改革开放以来，我国积极推进乡村道德建设活动，通过扬善抑恶、移风易俗等手段消除了阻碍乡村文明发展的陈规陋习，弘扬了中华民族的优良传统美德，规范了乡村居民的价值观念，农民对美好生活的追求也越来越强烈。然而，在某些偏远落后的乡村地区，依然存在着阻碍道德建设的不和谐"音符"。

一、乡村德治建设内生动力不足

由于城乡发展的不平衡和不充分，发达地区和城市的"虹吸效应"引发了乡村人口的空前"大流动"，导致乡村发展被边缘化，形成了大量"空心村"，从而导致乡村德治重要主体和乡村德治引领者和示范者等杰出人才的流失。在某些地区，集体经济的发展水平相对较低，由于基层干部自身能力或当地现有条件等主客观因素的限制，他们未能找到适合本地长期发展的产业，这导致他们对集体和村民的经济贡献率偏低；另外，随着城市化进程不断加快，大批农民拥入城镇务工经商。由于农村地区的就业机会和渠道相对较少，致使乡村德治实践缺乏坚实的物质基础。

二、优秀传统乡土文化逐渐消解

随着新时代市场化和城镇化的深入推进，乡村传统文化体系正面临消融瓦解的严峻挑战。随着村落数量和居住人口的减少，传统乡土文化的传承力被大大减弱。第一，大量外来人员拥入城市导致城市文化与乡村本土文化之间产生冲突甚至矛盾，这都在一定程度上削弱了传统乡土文化所蕴含的生命力和凝聚力。由于经济利益驱使下的乡村精英阶层流失以及乡村治理机制不完善，致使部分村民丧失了参与传统文化保护工作的热情与积极性。第二，乡村现代文化体系的建设滞后于时代的步伐。随着现代化和城市文明的冲击，乡村的社会结构和生活方式在传统农业文明的基础上被打破。人口的频繁流动导致城市的生活方式和价值理念向乡村下沉，同时，乡土社会中的传统文化共识、价值取向和价值观念等逐渐消融解体，导致一些乡村传统优秀文化被边缘化、破碎化，乡土文化失去了原有的凝聚力和感召力，农民对传统乡村的归属感和认同感也日渐式微。而国家政策导向、农村经济转型升级以及社会转型所带来的各种消极因素都不同程度地影响着乡村文化建设与重构，进一步导致乡村文化变迁速度加快。第三，乡村传统文化体系的逐渐解体，导致乡村精英文化的示范效应逐渐减弱。在乡村治理中，传统士绅阶层和乡村宗族作为精英阶层，扮演着至关重要的角色，他们在维护乡村稳定、化解矛盾、传承文化以及引导社会等方面发挥着不可或缺的作用。他们以其高尚的品格和良好的修养赢得了农民群众的爱戴，成为乡村建设的中流砥柱。随着市场经济的蓬勃发展和城市化进程的不断推进，对于乡村精英的定义也发生了翻天覆地的变化。在贺雪峰教授看来，现代精英多为经济上的佼佼者，因其在农村社会中的广泛影响力和号召力而备受瞩目。[1] 然而，大多数乡村现代精英在自身崛起后，倾向于向城市发展，只有极少数能够回归和回馈乡村社会。

三、乡村德治实践主体力量分散

近年来，国家对乡村建设的各类资源、资金和项目落地乡村，催生了乡村多元利益主体，而"多元共治"已成为新时代乡村建设行动的必然趋势。德治与乡村治理有着天然契合性，将德治引入乡村治理的目的在于协助乡村实现"有效治理"，同时推动"人的振兴"和"乡村精神文明振兴"，其内涵丰富、价值显著，具有强大的生命力。当前，乡村德治的推行面临的一个重要困境是德治主体不同程度的缺失。要实现乡村共建共治共享的目标，需要基层党组织、乡镇政府、农民、乡村社会组织以及新乡贤等多方主体通力合作。作为党在基层的领导主体，农村基层党组织扮演着党在基层的"末梢神经"角色，能够发挥好政治核心作用、服务功能以及监督保障功能，可以更好地促进乡村社会和谐稳定，从而推进我国乡村全面振兴战略的实施。但基层党组织的工作长期存在形式主义、脱离群众、微腐败等问题，破坏了党在基层人民群众中的根基和形象，削弱了基层党组织的战斗堡垒作用，导致党在乡村地区的领导力遭到侵蚀和弱化，这种局面又直接或间接地影响了乡镇政权。乡镇政府作为国家行政体制中最基层的一级政府，是推动国家意识形态和主流道德话语体系下沉的中转站，把握乡村德治的航向标和增进乡村共同体利益福祉的肩负者。在乡村德治中，农民一直是最主要的参与者、实践者和享有者，然而，随着传统村落数量的急剧减少，留守老人、留守妇女、留守儿童等"三留守"人群成为当前乡村居住人口的

---

[1] 贺雪峰. 村庄精英与社区记忆：理解村庄性质的二维框架 [J]. 社会科学辑刊, 2000 (4)：34-40.

主要群体，这也导致了乡村传承主体和德治载体的缺失。在新时代以德治村"多元共治"格局下，乡村社会组织和新乡贤群体本应以一种独立的群众组织广泛聚集民意，共同商讨村内公共事务并协助村委会开展工作，但现实中成为政府部门政策执行的"执行工具"，丧失了乡村组织和群体本该保持的独立性。

四、乡村农民德治教育落实欠缺

德治教育能够帮助农民建立基本的道德认知、培养道德情感、坚定道德意志和践行道德行为。因此，要实现乡村振兴战略的战略目标，就必须加强乡村德育建设，提升广大农村群众的思想道德水平。然而，在当前的乡村德治教育实践中，普遍存在着一种现象，即乡村道德教育形式大于内容。在国家经济高速发展，工业化、城镇化和信息化快速推进的大背景下，乡村自治组织的治理理念受到了影响，基层自治组织过度强调推动地方经济发展，而对维护乡村社会稳定和谐所采取的措施则主要依赖于国家法律法规等"硬法"，对缺乏硬约束的"软法"德治则未给予足够重视。某些基层组织仅是为了应对上级政府组织的各种检查和分配任务，开展了一定的德治教育，然而这些组织往往缺乏广泛的感召性和深度引领性的教育效果，导致乡村德治教育呈现出形式化严重的倾向。此外，随着农村城镇化进程加快，一些地方村庄经济实力薄弱，导致村民之间利益纠纷增多，致使乡村道德氛围逐渐淡化。在当前主流道德意识形态的贯彻落实过程中，村"两委"往往仅停留在表面的宣传形式上，缺乏深入的思考和实践。这种现象的存在不仅不利于我国农村精神文明建设水平的提升，还会影响广大人民群众对社会主义思想道德体系建设的认同和践行。在乡村中，社会主义核心价值观的贯彻落实往往以拉横幅、立宣传板、举办主题讲座、撰写报告等方式完成，然而，由于民众对其实质内核的真正理解不足，导致一些农民对社会主义道德知之甚少,当他们面临道德失范的情况时,他们可能偏离正确的道德观念并做出错误的道德行为。此外,在德治教育领域,部分乡村对城乡社会基础的深入考察和比较分析不足,忽视了农村居民与城市居民之间的差异性和不平衡性,将城市德治教育模式、标准和思维规范盲目套用到乡村德治教育上,忽视了乡村社会发展与乡村德治教育之间的相互作用,导致预期效果难以实现。

第四节 乡村治理中德治实践的完善路径

新时代推进德治在乡村治理中扎根发芽,助力乡村善治,需要补齐德治实践的短板。要持续推动乡村经济转型发展,奠定乡村德治坚实的物质基础;要继续弘扬优秀传统乡土文化,保障乡村德治的文化基础;要明确各类主体的责任担当,统筹德治实践中的主体力量;要整合德治实践的教育内容,强化乡村德治的精神支撑。

一、奠定物质基础:推动乡村经济转型发展

(一)持续完善乡村基础设施

乡村基础设施的改善是乡村振兴的重要内容,也是农业和农村发展的有力支撑。乡村的经济发展水平与其基础设施的完善程度息息相关,作为德治实践的物质基础,新时代在推进德治下乡的同时,必须高度重视乡村基础设施的建设,以确保乡村的可持续发展。第一,要完善生产性基础设施建设。加快推进农业生产现代化建设,通过对现有生产设施进行升级改造来提升农村生产力。第二,要健全乡村环境基础设施。加强农村水环境治理,改善农村生态环境质量,提高农村居民生产生活水平。第三,要健全乡村服务性基础设施。优化乡村道路设计规划,完善

乡村电信基础设施建设，也要加大对乡村教育、卫生等公共服务设施的建设力度。第四，要完善村民享受性基础设施建设。通过设立乡村运动场，配备基础性的运动器材和设施，为农民提供运动锻炼的空间。以乡村文化广场、乡村书屋等作为文化传播的重要载体，为村民汲取精神食粮提供文化阵地。

(二) 创新乡村经济发展形式

随着乡村振兴战略的实施和农业供给侧结构性改革的推进，乡村经济焕发出了全新的活力。为推进乡村德治实践，必须探索创新乡村经济发展模式。在农村经济的创新发展中，农民必须积极融入市场流通，以适应社会主义市场经济的发展趋势。只有这样才能提高农产品质量，提升产品附加值，增强竞争力，从而推动农村经济更好更快向前发展。具体而言，第一，要改变传统的小农经营模式。随着工业化进程加快，农业劳动力逐渐减少，传统小规模的农业生产面临着严峻挑战。因此，必须转变发展思路，整合农村分散的土地资源，完善农村集体经济组织，建立农业经济合作社以提高农业产量和规模，从而在激烈的市场中保持竞争优势。第二，要努力走"互联网+"与农村特色产业发展融合的道路。随着信息技术和互联网的迅猛发展，传统的时间和空间限制已被打破，村民不仅可以通过网络信息技术获取外部资源，同时也能够利用互联网将乡村内部资源转化为经济收益，推动乡村经济的蓬勃发展和产业的繁荣兴盛。第三，乡村需要因地制宜地发展特色产业。例如，对于那些拥有悠久历史和深厚文化底蕴的乡村地区，我们应该致力于将文化传承与现代科技相融合，推动文化事业和文化产业的蓬勃发展；对于经济实力相对薄弱的农村，可以充分利用互联网技术搭建信息服务平台，实现生产经营模式转变；对于自然风光优美、交通便捷的乡村地区，可以将"绿水青山就是金山银山"的发展理念付诸实践，以发展具有乡村特色的旅游业为目标；对于能够产出高品质水果、药材或农产品等具有良好市场效益和高附加值产品的乡村地区，可以建立高品质的产业基地。总之，应进一步推进农业现代化，加强对农业科技的支持，提高农业的质量效益和竞争力，优化农业生产结构和区域布局，秉持绿色、均衡、高质量发展理念，努力构建起现代化的农业生产体系和农业经营体系。

（三）拓宽农民经济收入渠道

要增加农民的收入，就必须增加农民的经济收入来源。第一，着力提升农民经营收入。在当前迈向乡村振兴的新时期，党和政府应因地制宜采取措施引导村民自主创业，鼓励支持企业产业园区落户农村，拓展产业链，探索合作化、入股分红、托管服务等方式，将小农户有机融入产业链条的各个环节中，从而提升经营的农民经济效益。第二，稳步提升农民的工资性报酬水平。在市场经济运行发展规律、社会发展要求等多方面因素的影响下，政府有必要及时提高劳动者的最低工资标准，加强对农民工工资克扣、拖欠、诈骗等违法犯罪行为的监管和打击力度，以法律手段捍卫劳动者的合法权益。此外，政府应当加大对农民工的教育投入，采用"农民夜校"、农民就业能力培训班等多种形式，以确保农民在社会生活中拥有专业技能，从而增强他们在激烈的市场竞争中的就业能力。同时，要通过多种途径为外出务工农民创造良好的工作环境，要对农村富余劳动力提供就业信息服务，建立与地区、企业之间的稳定劳务输出关系。第三，国家财政要稳步加大对农民的转移支付。有关部门应进一步完善和加强对农业生产、农机购买和使用以及对农业自然灾害所致损失的农村补贴制度，同时逐步增加并提高乡村居民的基础养老金和医保报销的种类和比例等。除此之外，要更加关注孤寡老人、残疾人、留守儿童等乡村弱势群体，为其提供基本的经济生活保障，营造良好的社会道德舆论环境。

二、保障文化基础：弘扬优秀传统乡土文化

（一）深入挖掘继承优秀传统文化

通过深入挖掘传统文化中蕴含的卓越思想观念、人文精神和道德规范，将其有机融入乡风文明建设中，为广大村民的思想道德注入源源不断的滋养。为了维护农业传统文化的完整性，必须善用基层组织，基层领导干部应深刻认识到农耕文化在乡村社会经济和精神文明发展中所扮演的重要角色，积极利用好本土资源，不断提高农民群众对农耕文化的认知程度。为了传承和发扬乡村优秀农耕文化，我们需要充分发挥老农农耕经验的作用，通过他们向年青一代传授农耕文化知识，培育出一批年轻的农耕群体。同时，可以在校园内开设与农耕文化相关的课程，向农业领域的专家、学者、学生等相关技术人才进行宣传教育，或者直接向农学专业的学生开设基础理论课程，以学科的形式逐步完善农耕文化的学习，从而形成系统化的教学模式，以促进学生对农耕文化的深入理解。

（二）充分发挥乡规民约的文化价值

在传统的乡规民约中，"德业相劝"强调始终将个人的道德修养和德性养成置于首位，并将道德修养和德性水平作为实现自己远大抱负、治理国家以及个人修身、立命、实现生命向上的基础。在这种价值观的影响下，乡村社会的统治阶级和社会组织倡导以道德为准则，期望每个人都能在乡规民约中树立高尚的道德品质，从而实现个人的自我提升。人谁无过，过而能改，善莫大焉。在乡规民约中面对过失时，因深受儒家思想的影响，要求村民在日常生活中勇于自我批评、自我否定。犯错后要认真地吸取教训，及时采取补救措施，做到"亡羊补牢"，避免继续犯错误，遭受更大的损失。传统乡规民约强调了人与人、人与社会、

人与自然的和谐共处，并要求村民自觉保护和爱护自然环境，以确保生态系统的健康和可持续发展。新时期乡规民约更多体现出以人为本、尊重历史以及可持续发展思想，是对传统乡村道德的继承与发扬。我们需要将传统的乡规民约与社会主义核心价值观相结合，以适应社会主义文明建设的需要，并用时代的语言来表达这些乡规民约，不断挖掘传统乡规民约中的优秀成分，让乡规民约既有深厚的传统根底，也不缺乏时代特征。

（三）弘扬家庭传统美德与家风文化

在乡村家庭美德建设中，我们需要不断丰富教育内容，发挥榜样的作用，激励村民和乡村家庭积极参与实际行动，自觉践行家庭美德，营造出良好的家庭美德建设氛围。鼓励乡村家庭在实践过程中，以社会主义核心价值观为指导，不断完善家规家训，使其内涵更加丰富，并具备时代性，有助于培养家庭成员的高尚品质。同时，还要充分利用传统文化资源开展家庭美德建设。利用乡村特有的传统节日，开展家庭美德实践活动，如春节、中秋节、重阳节等具有代表性的节日，以尊老爱幼、男女平等、夫妻和睦、勤俭持家、邻里互助为主要内容，通过相应的节日活动展示，引导农村家庭在实践中传承家庭美德。创新始终是一个国家、一个民族发展的重要力量。科技创新固然重要，但文化的创造性转化和创新性发展也日益凸显其重要性。随着社会经济的快速发展，人们的生活水平得到提高，对精神世界提出了更高的要求。在中华民族传统文化中，家庭传统美德扮演着至关重要的角色，因此，在新时代开展家庭美德教育时，必须紧密结合时代发展，使其与现代文化和现实生活相互融合、相得益彰。传承和发展乡村家庭传统美德，必须始终坚持"扬弃"的原则，对那些在乡村中表现出色的家庭美德，必须予以保留、传承和弘扬。为了适应时代发展的需求和乡村生活的实际情况，我们必须及时废止那些已经不再适宜或与发展相违背的家庭传统道德，特别是那些带有封建色彩的家规家训,用富含社会主义核心价值观的家规家训来取代它们,以确保乡村家庭美德具有鲜明的时代特征,推动其与时俱进地发展。

三、统筹主体力量:明确各类主体责任担当

(一)基层党委政府:乡村德治的领导主体

党的领导是中国特色社会主义最本质的特征。在乡村治理中,乡镇党委和政府应以更加积极主动的姿态,秉持为人民服务的宗旨和责任政府的理念,成为乡村德治建设中的领导主体。第一,基层党委和政府应结合《新时代公民道德建设实施纲要》等文件内容和精神,实现乡村德治的价值引领。将社会主义核心价值观作为当代中国精神的集中体现和全国各族人民共同的价值追求,以潜移默化的方式推动国家意识形态与乡风民情的融合,构建符合新时代中国特色的乡村道德话语体系和道德观。第二,应当建立完善的制度体系,并提供充足的财政支持。为确保乡村德治政策的无缝衔接和协调配合,基层政府需要贯彻落实党中央和中央政府有关乡村德治的顶层设计,通过整合当地的物质、精神和人力资源,建立起适应当地特色的德治规范、引导激励和监督体系。同时,基层政府还应完善相关法律法规,加强对乡贤文化传承与创新的法律保护和扶持力度,及时提供财政支持,不断完善乡村基础设施建设,实现乡村道路和人居环境的优化。第三,各级党组织也应该发挥好自身的模范带头作用,充分发挥其政治核心作用和战斗堡垒作用,带领广大党员干部积极践行社会主义核心价值观。基层领导干部要以身作则,率先垂范,应该以高尚的个人道德修养和卓越的个人作风展现在广大农民群众面前,以德服人,起到道德感召和榜样示范作用。此外,广大基层干部应通过加强自身素质培养提高执政能力,树立正确的权力观与政绩观,才能更好地践行党的群众路线,真正做到为民解忧、办实事。

(二)乡村社会组织：乡村德治的辅助主体

在新时代乡村德治实践中，乡村社会组织具有重要的职能和作用，既是乡村德治实践的重要组织依托，也是党和政府推行主流意识形态和道德话语体系下乡的重要"中转站"。乡村社会组织的德治功能主要体现在：第一，道德凝聚功能。乡村社会组织能够以其强大的影响力与号召力影响农村民众的价值观念及行为方式，能够有效凝聚社会成员的道德观念。乡村社会组织以其源自农民、服务于农民的自然亲和力为基础，在内部建立了良好的人际关系，推动农民组织化的实现，从而形成了卓越的组织内凝聚力。在塑造组织的过程中，农民的内心逐渐向相互合作和信任的方向转变，通过组织传递道德思想观念或推崇的道德言行，获得认同和实践，最终形成了道德共同体的意识。第二，道德规范功能。乡村社会组织的道德规范作用体现在其静态的组织规章中，这些规章以独特的宗旨、运行程序和目标为核心，对组织成员施加约束。这种约束与规训往往是隐性的，却是不可忽视的一种力量。当农民融入某一组织时，这意味着该组织已经获得了农民的认可，并且不可避免地会受到组织规定的限制。在参与组织活动的过程中，农民不仅增强了自身的参与意识和主体意识，也不断运用公共生活准则、道德价值和道德准则来审视自己的行为，从而塑造了他们的道德行为。第三，道德调节功能。乡村社会组织通过自动调节内部成员的利益关系，协调村域内部各种关系，对内部成员施加约束，以保证其良性发展。

(三)新时代新农民：乡村德治的实践主体

乡村德治作为一项系统性工程，无论是党委政府还是乡村社会组织的德治实践活动，最终落脚点都是农民，农民是新时代乡村德治实践的主体。从德治实践的效果来看，无论是乡村整体的精神文明风貌，还是农民公共公德、职业道德、家庭美德和个人道德品行现状，都需要通过农民个体得以展现，农民是德治实践不可或缺的主体力量。新时代农民作为德治实践主体的责任主要体现在：第一，要提高自身道德认知水平。作为德治实践主体，新时代农民肩负着提升自身道德认知水平的责任，因为道德认知水平的高低直接影响着农民的道德行为选择和道德评价。农民应当肩负起提升道德知识素养、培养道德观念、激发道德情感和践行道德规范的主体责任，并通过多种途径以更加积极的态度不断努力。第二，要积极参与到道德评价中。在乡村道德评价共同体中，农民既是道德评价的主体，也是道德评价的客体，这种双重身份决定了农民必须具备基本的道德观念，坚持正确的舆论导向，维护合情合理的道德评价原则和标准，以确保自己的言行得到他人的正确道德评判，同时也能对他人的言行举止做出公正评判。第三，要积极履行真善美的道德行为。德治所倡导的道德理念、精神、原则和规范不能简单停留在知而不行的阶段，农民应自觉践行道德行为，使德治融入老百姓的日常生产生活。

四、强化精神支撑：整合德治实践教育内容

（一）以提高思想觉悟为核心的理想信念教育

理想信念是个人、政党、国家重要的奋斗目标和精神支柱，建立在科学认识基础上的理想信念无疑具有强大的领航力量。必须以提升农民的思想觉悟为出发点，开展"铸魂补钙"的理想信念教育，将德治深刻融入乡村治理中。对农民群众不断进行思想武装和智慧提升，以科学理论为指导，消除乡村陈规陋习和封建迷信。中国共产党在革命、建设和改革的历程中形成了中国革命道德，这一宝贵的精神财富和精神力量是共产党人集体智慧的重要体现，同时也是当前乡村德治教育不可或缺的内容资源。中国革命道德规范所涵盖的重要方面包括坚守革命信念和理想、倡导英雄主义精神、践行为人民服务的宗旨以及强调集体主义精神等。在实现中华民族伟大复兴"中国梦"的伟大征途中，新时代必将面临重重困难和挑战，因此我们需要引导农民树立理性的爱国主义情怀，同时也需要凝聚起维护世界和平、国家独立统一以及民族团结发展的磅礴力量。

(二) 以提升道德水平为目标的思想道德教育

马克思将人类的实质归纳为所有社会关系的综合体。这一论断揭示了社会关系对人类生存发展具有决定性作用。人类的社会属性，要求必须通过法律法规等正式制度来调节人们之间的社会关系，然而，在复杂的社会关系中，法律法规的适用范围受到限制，因此其规定和执行也难以全面覆盖。思想道德教育的核心在于提升农民的道德素养，以弥补法制规范的不足，并成为调节社会关系的主要手段，其中包括个人品德、家庭美德、职业道德和社会公德等方面的教育。

(三) 以顺应时代发展为要求的时代新风教育

时代新风教育不仅是加强乡村精神文明建设必不可少的措施，更是实现脱贫攻坚和乡村振兴有机衔接的必然要求。通过实施时代新风教育可以让广大农民群众树立起良好的道德品质和文明风尚。当前的时代新风教育主要聚焦在以下几个方面：第一，积极弘扬科学精神，打破乡村地区封建迷信思想的束缚，这是时代新风教育的重要组成部分。要通过多种渠道让更多群众接受科学知识和正确思想观念。第二，推崇时代的新气象，反对那些懒惰散漫的"躺平"观念，以激发人们奋发向上的精神。新时代必须将劳动教育融入德治教育中，继续改造农民的思想，将"扶贫"与"扶志"和"扶贫"与"扶智"结合起来。第三，倡导勤俭节俭观念、抵制奢靡浪费之风刻不容缓。新时期要树立正确的消费观，提倡节约集约使用资源、合理消费的生活方式，提高人们对环境保护的认识程度，增强人们保护环境的自觉性和责任感。第四，崇尚绿色发展道路，制止生态破坏行径。在乡村德治教育中融入生态伦理观念，激发农民的环保意识和行动力，倡导走绿色可持续发展之路，打造人类与自然和谐共生的居住环境。

第七章

治理有效：实现乡村治理现代化

乡村治理是国家治理的神经末梢，作为国家治理现代化在乡村社会领域的具体实践样态，乡村治理现代化随着乡村振兴战略的提出被正式提上国家政治议程。推进乡村治理现代化，是夯实乡村振兴基层基础、创造人民美好生活的必然要求。

第一节 乡村治理现代化的内涵与理论基础

一、乡村治理现代化的内涵

(一) 乡村治理

乡村治理是一个极具中国特色的关于解决农村问题的一个概念。1998年，华中师范大学的徐勇等人首次提出了乡村治理的概念，为后来的研究奠定了基础。随后，学术界就出现了不同的观点，一些学者主张乡村治理是政府、村民和乡村组织等共同参与、协商的过程，旨在促进乡村的发展和谋求乡村的利益；还有学者认为乡村治理的主体、实现路径、机制和模式等方面需要共同推进，以促进乡村治理的进一步发展。在《关于加强和改进乡村治理的指导意见》中，乡村治理是一种通过强化全村党组织领导和调解乡村矛盾纠纷来实现乡村治理的机制；以党员和道德模范为引领，积极推进社会主义核心价值观的培育和实践；加强对村级组织工作事务的规范化，提升乡镇和村庄为农业服务的能力水平，推进基层民主政治建设。提升乡村自治组织的能力，促进多方主体积极参与乡村治理，丰富村民议事协商的形式；积极推进村级事务阳光工程和乡风文明培育行动，强化农村文化引领，加强平安和法治乡村建设；加强对基层小微企业权力腐败的打击力度，提升农村法律服务的供给水平，推进乡村治理体系和治理能力的现代化建设。通过这些措施来提高农村基层党组织领导水平、推动乡村治理法治化进程、提升农民群众满意度和获得感，为实现"两个一百年"奋斗目标提供坚强保障。在新农村建设时期，我们需要不断推进乡村治理改革，探索新的思路和举措，同时制订全新的规划，以解决农村发展中所面临的问题，这是我们乡村振兴时期的首要任务。

（二）乡村治理现代化

党的十八届三中全会首次将"治理"这一概念引入国家政治话语，激发了各个学科领域学者对自身领域"治理现代化"的观点见解。在十九大报告提出"乡村治理体系"以及2018年中央一号文件提出"加快推进乡村治理体系和治理能力现代化"之后，一些学者开始关注"乡村治理现代化"，并将其推向了高潮。在此背景下，学术界围绕着乡村治理现代化进行了大量的理论探索与实践尝试。在十九届中央政治局第八次集体学习（2018年）时，习近平总书记指出"从'管理民主'到'治理有效'，是要推进乡村治理能力和治理水平现代化"[1]，并首次提及了"乡村治理现代化"一词，在语境中与"乡村治理体系和治理能力现代化"含义相同。在中国特色社会主义政治话语的构建下，乡村治理作为国家治理的基石和重要组成部分，其现代化内涵自然

---

[1] 习近平. 把乡村振兴战略作为新时代"三农"工作总抓手[J]. 奋斗，2019（07）：4.

而然地扩展到国家治理现代化的基本内涵中。笔者认为,"乡村治理现代化"是指对乡村治理体系和治理能力进行现代化改革,以最广大人民的根本利益为价值导向,使乡村治理体系更好地适应现代社会的发展需求,从而实现乡村社会领域各类公共事务的稳定发展和效能提升。改革开放以来,随着党和国家工作重心逐步转移到经济建设上来,乡村治理也进入了全面深化改革时期,从制度层面进行创新改革成为时代赋予我们的新使命。在实施乡村振兴战略的过程中,党在农村执政的基础得到了不断巩固,乡村社会条件也逐渐得到了改善,焕发出了勃勃生机,同时,在党的领导下,"三治结合"的现代乡村治理体系也初步建立,我国乡村治理现代化的步伐也在不断加快。在一条前所未有的道路上前行,乡村治理现代化的体制机制和效能转化之路仍在不断演进和完善之中。从现代化治理角度来看,乡村振兴战略的实施过程实际上是国家治理制度优势在中国乡村社会领域中的效能转化。

二、乡村治理现代化的理论基础

(一) 马克思恩格斯的城乡关系理论

在资本主义蓬勃发展的时期,马克思和恩格斯经历了工商业和城市的繁荣,也洞见了农业的衰落和农村的凋零。对于城乡关系问题的探讨,他们主要关注以下几个方面:第一,城乡对立分离的历史必然性。马克思、恩格斯认为,在社会发展的进程中,生产力和生产关系的相互作用不可避免地导致了城乡之间的对立和分离,这是人类社会从愚昧到开化、从传统到文明的历史进步性阶段。恩格斯追溯了城乡分离的历史进程,指出人类文明的演进过程是在生产力不断发展的过程中,社会分工的不断细化和进步,具体体现为生产方式、社会成员和社会空间的对立分离。第二,消灭城乡对立分离的现实可行性。一方面,消灭城乡对立分离的必要性。在资本主义社会中,马克思、恩格斯深刻揭示了城乡对立分离所带来的"硬币的另一面",对城乡资源分配不均、社会不稳定因素激增、生态环境遭受严重破坏、居民生命健康面临巨大威胁以及人类全面发展阻力重重等问题进行了强烈批判。另一方面,消灭城乡对立分离的可能性。马克思主张促进大工业的充分均衡发展,这是消除城乡分离的可靠途径和前提条件。恩格斯则提出了"城乡融合"的概念,指出城乡融合是在生产力高度发展和生产关系系统变革的基础上建立的。第三,城市化是乡村现代化的未来趋势。在《共产党宣言》中,描绘了工业化加速世界文明兴替、城市化汇聚社会发展动力的壮丽景象。资本主义生产方式使城市成为一个具有强大生命力的有机整体。随着资本主义社会化大生产的迅猛发展,社会分工变得越来越精细,不同企业、行业和地域之间的联系也变得越来越紧密,越来越多的乡村社会实现了城市化,这将导致城乡自我封闭的状态最终被流动无间、相互依存的社会取代。

马克思、恩格斯揭示了城乡发展历史变迁的客观规律,他们的城乡关系基本观点为当前我国推进乡村治理现代化提供了重要的理论启示。第一,马克思、恩格斯关于城乡关系的基本观点是我国乡村治理现代化思想的重要理论来源。恩格斯在《共产主义原理》中首次提出了"城乡融合"这一概念,构建了一个以工农结合、城乡互利、人人全面发展为核心的共建共治共享的社会共同体,彰显了以人民为中心的价值导向。在当前我国乡村振兴战略实施背景下,这一思想观点与乡村治理现代化的愿景相得益彰,为"乡村治理现代化"奠定了坚实的理论基础。乡村治理现代化的推进需要考虑到其长期性和复杂性,这是不容忽视的现实。从本质上讲,乡村治理现代化就是要通过制度创新来保障广大农民群众获得真正属于自己的公共产品和公共服务。恩格斯所指出的,城乡融合的先决条件在于生产力的高度发展和生产资料的公有制,这两个因素的协同作用是不可或缺的。中国作为一个人口众多的发展中国家,要实现乡村治理现代化，必须在坚定道路自信的同时，保持对历史的耐心，这是一个漫长而艰辛的过程。第二，马克思主义经典作家关于城乡关系的基本观点具有时代性，要推进马克思主义城乡关系理论的本土化，以理论的创新更好地引领当前中国特色乡村治理现代化实践。在当前的国际和国内经济社会背景下，中国特色社会主义城乡关系的探索路径与以往不同，这是基于解决"资本主义向何处去"的时代之问而进行的，而对这一问题，马克思和恩格斯曾进行过深入的探讨。因此，在推进乡村治理现代化的实践探索中，必须对马克思主义城乡关系理论进行深入挖掘和本土化，以丰富和拓展其内涵和外延。第三，"乡村治理"与"乡村治理现代化"具有历史性。在生产力和社会分工发展到一定阶段的历史进程中，城市与乡村以及城乡之间的相互对立和分离成为一种不可避免的现象。从历史上看，随着资本主义生产方式出现并逐步占据统治地位后，就会有不同类型的国家相继产生，从而导致了各种形式的城乡矛盾冲突。随着共产主义社会生产力的高度发展，城乡融合已成为必然趋势，而乡村治理现代化则是通向城乡一体化、社会治理现代化的必由之路。因此，乡村治理现代化的实现需要全面考虑当前乡村公共事务中各种具有独特性和复杂性的问题，并将其纳入更宏观的城乡治理一体化的范畴，以适应未来的发展需求。

（二）马克思主义中国化理论成果关于乡村治理的观点

马克思主义中国化理论成果主要体现在党的文献和党的领导人重要讲话中。马克思、恩格斯的城乡关系理论在中国共产党主要领导人的理论和实践层面上得到了广泛的拓展和深化。自1949年获得全国执政地位以来，中国共产党开始了推进中国工业化和现代化的历史进程，并对乡村治理现代化问题进行了更加明确和深入的探讨。

毛泽东关于乡村治理的重要论述主要体现在集体化方面。毛泽东认为，发展互助合作运动，尽力巩固合作化制度和继续反对农村中的资本主义自发势力是走上社会主义道路后我国农业农村发展的重心，并把将农民组织起来走集体化道路作为乡村治理的中心工作。然而，在当时的农村环境下，毛泽东将农业农村现代化的实现寄托于高度依赖国家治理和计划管理体制的人民公社上，这种做法不仅缺乏明确的乡村治理目标设计，而且忽视了生产力的发展程度和水平，相关措施更多地抑制了基层农村的自主性和多样性，从而损害了农民的政治权利和积极性。在探索缩小工农、城乡、脑力劳动和体力劳动三大差异的过程中，毛泽东提出了将全国各行各业打造成一个融合工农商学兵的综合性大学的设想，这一构想在全国范围内的"上山下乡"运动中得到了显著体现。时至今日，人们对"上山下乡"运动对我国社会发展所带来的深远影响进行了反思，部分专家学者回到史料重提"上山下乡"，认为这一时期本土农民、下乡的知识分子和基层干部的"三结合"在一定程度上加强了城乡人际联结，补充了农村基本公共服务供给，提升了农民的主体性和技能素养，这一探索路径对于当前的乡村治理现代化仍具有重要的探索价值。

邓小平关于乡村治理的重要论述主要体现在社会主义村民自治方面。邓小平坚信，无论是面对"大跃进"和三年困难时期中的农村经济社会倒退问题，还是改革开放后在农村推行政社分开、村民自治，都必须坚持社会主义制度的政治基础和根本方向，通过实施减少城市人口的政策来缓解城市对农村的索取，从而缓解经济困难；通过实施村民自治，将权力下放至基层和人民，以增强农村的权力和能力，从而为改善城乡关系、推进农业农村现代化发展提供制度性的动力。同时他还提出要尊重农民意愿、保障农民利益，让农民真正当家作主，最终实现共同富裕目标。在上述思想指导下，村民自治民主化、法治化成为这一时期乡村治理的主基调，1982年，村民自治载入宪法，1983年，家庭联产承包责任制和村民自治在全国全面实行，成为影响我国乡村社会最为深

第七章 治理有效：实现乡村治理现代化

远的两大制度改革。

以江泽民为核心的党的第三代领导集体汲取了国内学界的研究成果，开始将农业、农村和农民三者并列研究，因此，江泽民对于乡村治理的重要论述主要体现在加强党对农村工作的领导，解决"三农"问题等方面。1992年，江泽民在六省农业和农村工作座谈会上，对党在长期实践中确立的解决"三农"问题的重要指导思想进行了系统梳理，强调全面加强和改进党对农村工作的领导是解决农业、农村和农民各类紧迫性问题、搞好农业和农村工作的关键，必须切实重视和加强农业、农村工作，切实保护农民利益，探索和发展社会主义市场经济。1998年，江泽民在安徽考察期间指出，中国共产党在农村改革中的基本原则经验是坚持邓小平理论、尊重实践和群众。同时，他还提出必须把实现好、维护好、发展好最广大人民群众的根本利益作为全部经济工作的出发点和落脚点。2001年，在农业、农村和农民问题座谈会上，江泽民得出农村人口向城镇逐步有序转移是经济社会发展必然走向的规律性认识，他强调要从政治角度更谨慎地对待农村土地问题，维护农民权益和社会稳定。

1994年，胡锦涛在党的建设方面强调了农村基层组织建设的至关重要性，并提出了五大目标和两点关键，以促进形成建设社会主义新农村的强大合力。党的十六大以后，以胡锦涛为总书记的党中央领导集体系统提出了"两个趋向"的科学论断和"建设社会主义新农村"的重要战略思想，这一决策坚定了解决"三农"问题积弊、统筹城乡经济社会发展的历史决心，同时也凸显了农业农村现代化的战略定位。在推进社会主义新农村建设的过程中，对乡村治理提出了"管理民主"的要求，旨在通过加强农村基层党建、维护农村基层民主、培育新型社会化组织等三个主要方面，完善乡村治理机制。同时，强调全党工作的重中之重是解决"三农"问题，走出了一条适应中国国情、民情、农情的乡村治理之路。

习近平总书记关于乡村治理的重要论述主要体现在乡村振兴战略之中。党的十八大之后，习近平提出了系统治理、依法治理、综合治理、源头治理的乡村治理理念。他从历史与现实、理论与实践两个层面阐述了乡村治理的基本内涵。党的十九大后，以习近平同志为核心的党中央领导集体提出了实施乡村振兴战略，其中，强调了建立完善的现代乡村治理体制，构建自治、法治、德治相互融合的乡村治理体系，以推动乡村振兴。这些思想与理论创新都为我们探索推进国家治理体系和治理水平提升奠定了坚实的基础。习近平（2020年）认为乡村治理是乡村振兴的根基，"治理有效"是新时代对乡村治理的更高要求，并指出乡村治理体系和治理能力现代化是农村现代化的重要组成和重要动力，强调了加强党对"三农"工作全面领导的突出重要性，为乡村振兴汇聚更加强大的力量支持提供坚强政治保证。习近平认为，巩固"乡村治理基础"的关键在于加强农村基层党组织的建设，完善农村社会保障体系，以及培养文明乡风。此外，习近平总书记在多次演讲中深入探讨了文化振兴对于乡村治理的至关重要性，并强调了传承和弘扬卓越的传统文化，以提升乡村治理水平。习近平总书记对乡村振兴战略的一系列重要论述，为推进乡村治理现代化提供了深刻的理论指导，为实现乡村振兴提供了重要的理论支撑。

第二节 乡村治理现代化的顶层设计

中国乡村治理的历史可以追溯到新中国成立以来，这是中国农村制度演变的一个缩影。在中央有关乡村振兴战略的政策文件中充分体现了国家政治意志，这些文件以文本形式输出了权威信息，全面部署了包括乡村治理在内的各项工作。因此,有必要从政策文本的角度出发,对推进乡村治理现代化具有全面指导意义的中央政策文件进行系统梳理,总结政策框架下现代乡村治理体系的基本要素,深入分析我国乡村治理体系的制度优势,以更全面的方式理解我国乡村治理体系建构的整体思路。

一、关于乡村治理的中央政策的总体分析

党在不同时期发布了一系列关于乡村治理的方针政策和规划纲要,形成了一套较为完备的乡村治理体系。在乡村振兴战略的框架下,需要进行系统的顶层设计,以明确乡村治理在指导思想、基本原则、总体目标、主要任务和组织实施等方面的要求。在这些指导性国家层面文件中,既有从宏观上制定实施乡村振兴战略的总体框架与目标体系,也有针对具体地区或部门出台的具体实施方案和措施建议。比如,中共中央、国务院印发的《乡村振兴战略规划(2018—2022年)》和乡村振兴战略出台以来已连续五年(2018—2022)的中央一号文件中都设有专门章节,以部署当年全国乡村治理工作。例如,针对当前和未来一段时间内加强乡村治理能力建设的需求,中共中央办公厅、国务院办公厅印发了《关于加强和改进乡村治理的指导意见》,提供了一套专业化的整体指导思路。

在乡村振兴战略提出之际,乡村治理工作的规范性框架逐步细化实化,建立健全党委领导、政府负责、社会协同、公众参与、法治保障的现代乡村社会治理体制,强调自治、法治、德治相结合,形成了体系化、注重实效的工作机制。乡村治理现代化的重要部署包括坚持以党的领导为核心的基层组织体系,建立城乡联动的工作体系,深化"三治"实践相结合,构建完善的农村治安防控体系,推进村务工作规范化,加强农村精神文明建设,支持乡村治理社会化参与,提升乡村公共服务供给，以及积极开展乡村治理试点示范工作。通过制度化、规范化的自我建设，实现各类乡村治理组织的更新完善，同时注重以现代化标准提升乡村治理的各项服务供给，并朝着与城市基层治理相协调的方向不断发展。

总体而言，乡村振兴战略提出以来，我国的乡村治理政策一直围绕着这一顶层设计展开，旨在保障和改善农村民生，促进农村和谐稳定，通过宏观体制构建、中观城乡联动、微观典型挖掘等实施逻辑，推进自治、法治、德治有机结合，构建共建共治共享的社会治理格局。

二、乡村治理体系的基本要素

（一）乡村治理的主体

《关于加强和改进乡村治理的指导意见》中明确指出，要建立以基层党组织为领导、村民自治组织和村务监督组织为基础、农村集体经济组织和农民合作组织为纽带、其他经济社会组织为补充的村级组织体系，发挥群众参与治理主体作用。乡村振兴战略提出以来，党和国家持续强化农村基层党组织在乡村治理中的领导核心地位。2018年的中央一号文件中，在例行部署新一年的农业农村工作之前，首先强调了党领导农业农村工作全局；随后出台的《中国共产党农村工作条例》根据农业农村发展新形势，对党管农村提出了新要求、新任务。《乡村振兴战略规划（2018—2022年）》把强化农村基层党组织在乡村振兴中的全面领导列为乡村治理中的首要任务，并做了具体部署。从历史经验看，任何一个国家的经济发展都离不开强有力的党的领导。农村基层党组织是党加强和改进农村政治生态建设、紧密联系广大人民群众、维护农村社会和谐稳定、引领人民群众实现乡村振兴战略目标的领军力量，必须充分发挥战斗堡垒作用，为推进乡村治理现代化、实现乡村振兴战略目标提供坚实的政治和组织保障。要将乡村振兴与基层组织建设紧密融合，充分发挥基层党组织的战斗堡垒作用和党员干部的先锋模范作用，以党建为引领，推动群众发展富民产业、提升公共服务水平，加强基础设施建设，促进乡村振兴。

乡镇政府是国家在乡村地区的政权机构，在整个乡村治理体系中起主导作用。改革开放以来，随着农村改革的不断深入和发展，我国乡镇政权发生了深刻变革，由原来高度集中统一的计划经济体制下的行政型向市场经济体制下的服务型转变。在1983年政社分离、乡镇政府设立之后，乡村治理关系被广泛认可为"乡政村治"。作为国家权力的延伸末端，乡镇政府积极践行党和国家、本级人民代表大会的意志和决策。作为人民的政府，乡镇政府通过积极开展多样化的乡村工作，致力于为农民和乡村社会提供优质服务，积极反映和解决广大农民的利益问题，从而推动乡村经济的繁荣发展，维护乡村的和谐稳定。然而，乡镇党政机构长期以来存在着职能交叉、职责分工不明确、执法规范不足等问题。自乡村振兴战略提出以来，中央已将巩固基层政权作为乡村治理的重中之重，持续加强基层管理体制和干部队伍建设，以最大限度地发挥乡村治理的实效。

村民自治组织在传统乡村治理中有着深厚的社会基础。部分乡村精英常常被村民推选或主动担任乡村内部事务的代理人，他们拥有对村庄公共事务的实际处置权或建议权，通过自我管理和自我服务的方式来维持熟人社会内部的稳定性，从而确保了治理过程的简化和治理成本的可控。相对于其他治理主体而言，村民自治组织直接深入农村群众中，承担着沟通各类乡村治理主体、整合各类乡村治理资源、协调和解决村民利益诉求、争取和维护村民合法权益等重要职责。同时也承担着与基层党组织共同实施国家政策的重要任务，并通过参与制定公共政策来推动和实现乡村治理目标。乡村经济社会的发展和治理民主化的推进，离不开村民自治组织在政治和法律上的地位保障，这是其基础性作用的体现。乡村公共活动的组织形式包括以村民为主体的各类经济、社会和群团组织,这些组织按照法律法规和自治章程开展特定的活动,其中包括乡镇和农村的集体经济合作社、村民理事会以及村级妇女联合会等。在中国各地的乡村社会中,存在着巨大的差异,不同乡村的社会发展水平和公共服务供给能力各不相同。然而,在乡村治理体系中,来自民间土生土长的组织化力量——乡村各类经济组织、社会组织和群团组织,扮演着补充性的角色,为广大农村群众提供服务,维护乡村安定和谐。

乡村居民不仅是乡村治理的对象,更是最为广泛参与各类主体和治理全过程的主体力量。乡村居民作为一种重要的社会组织资源,对推进国家与社会关系转型具有十分重要的意义。村民自治的有效实现必须建立在乡村居民积极参与治理的基础之上。衡量乡村治理的民主化、公开化、科学化程度的关键指标,在于乡村居民参与治理的途径、程度、思想意识以及能力表现。只有通过不断加强乡村居民的思想觉悟,确保广大村民享有参与乡村公共事务的权利,才能有效推进和实现乡村治理的不断发展。

(二) 乡村治理的方法

乡村治理的方法体现了乡村治理主体在治理行为中所遵循的特定逻辑或思路。现代乡村治理以自治、法治、德治为基石,构筑了一套完整的治理体系,以实现乡村治理的现代化。《乡村振兴战略规划(2018—2022年)》明确指出:"自治为基、法治为本、德治为先"。

村民自治是乡村治理体系中的核心制度。广大农村群众的主体地位在村民自治的直接民主形式下得到彰显,民主权利也得到保障。当前我国基层政府对村民自治的重视与支持力度越来越大。乡村治理的成效,在很大程度上取决于村民自治组织作用的有效发挥。在关于村民自治的中央政策文件中,强调了规范村务决策和实施的各项程序,制定和完善服务乡村发展、服务乡村群众的乡规民约,以推进村民自治组织的制度化、规范化、公开化和标准化，从而真正实现最广泛和深刻的实践，让村民能够看到、听到和参与到实践中来。在推动村民政治参与的过程中，应当积极探索创新形式，不断丰富和深化各地村民民主自治实践，以培养村民的公共意识和社会责任感为目标。

依法治理是乡村治理的基本依循。乡村治理始终应以宪法和法律为最高遵循，乡村治理主体的行为、方式和内容都必须被明确规定在宪法和法律的范围内。乡村治理的长久有效离不开依法治理，然而，由于我国乡村经济社会发展整体滞后，乡村社会情况复杂，传统伦理道德观念根深蒂固，乡村法治推广和实施时间较短，因此我国乡村法治化进程一直处于缓慢发展阶段。我国乡村法治化无论是在涉农法律法规体系完善、乡村法律知识推广普及、司法执法队伍建设，还是在司法救助等公益服务方面都处于滞后状态。因此，必须积极推进乡村法治建设，加强村民法律意识和法治观念的培养和提升，加大对乡村法律制度的供给和法治资源的投入，促进各种行之有效的乡村振兴政策措施的法定化，建立完善的乡村法治框架。

以德治理是乡村治理的传统优势。中国乡村社会是熟人社会，自古以来重道德教化、轻法律刑典。德治是处理乡村人际交往问题的重要方法，它有助于维护乡村社会的和谐与稳定。为实现社会主义新德治，必须以创新的社会主义核心价值观为指导，深入阐发传统道德规范，培养具备高尚德行和正义意识的乡村治理主体，从而提升广大乡村群众的政治和情感认同，并将其转化为广大乡村群众弘扬真善美的具体行动，以确保乡村治理的顺利实施。

（三）乡村治理的机制

乡村治理的机制是由乡村治理主体共同遵守的行动规则和办事流程所构成的综合体，它综合运用了行之有效的乡村治理方法，经过实践检验，形成了系统化和制度化的乡村治理方法。通过对有关乡村治理的指导性中央政策的分析，乡村治理机制主要可以分为领导机制、运行机制、具体事务工作机制和其他机制。

乡村治理的领导机制是"五级书记抓乡村振兴"机制。党的十九大提出乡村振兴战略后，党中央以脱贫攻坚制度为基础，提出了"五级书记抓乡村振兴"的战略，即由省、市、县、乡四级党委书记和村党支部书记共同承担乡村振兴的首要责任，其中省、市负责统筹协调，县、乡、村负责具体实施，县级则担任"一线指挥部"的职责。通过建立"五级书记抓乡村振兴"的领导机制，实现了党的领导在乡村振兴全过程中的贯穿和目标明确，充分展现了各级党委总揽全局、协调各方的领导作用，为新时代党对农村工作的全面领导和推进乡村振兴提供了政治保障。

乡村治理的运行机制是乡村治理工作协同运行机制。《关于加强和改进乡村治理的指导意见》明确提出了建立乡村治理工作协同运行机制的目标，该机制由党委牵头督导，各相关职能单位共同指导、协同推进，形成横向部门联动，纵向县、乡、村联动的工作合力，以推动乡村治理任务层层落实。

乡村治理的具体事务机制主要包括公共服务、公共管理和公共安全保障三个方面。其中，公共服务是乡村治理中最重要，也是最为复杂的一个环节，它关系到广大农民群众生产生活的方方面面。在公共服务方面的工作机制主要为城乡基本公共服务均等化机制；在公共管理方面的工作机制主要为农村基层党组织领导下的村民自治机制和党委组织部门牵头协调，民政、农业农村等部门共同参与、加强指导的村务监督机制；在公共安全保障方面的工作机制主要为矛盾纠纷化解机制、心理疏导服务机制、社会治安综合治理机制。其他机制还包括经费保障机制、考核评价机制、联系群众机制、社会力量参与机制等。

（四）乡村治理的价值

乡村治理的价值是党和国家构建现代乡村治理体系的根本观点和评价标准。《关于加强和改进乡村治理的指导意见》中明确提出新时代乡村治理的根本目标在于确保和改善农村居民的生活质量，促进农村社会的和谐与稳定。党和国家坚持以人民为中心的根本政治立场，致力于满足广大农村居民对美好生活的向往，从而保障和改善农村民生，促进农村和谐稳定。只有秉持以人民为中心的发展理念，方能确立正确的发展观和现代化观念。在新时代，我们党实施乡村振兴战略，推进农业农村现代化的核心价值在于"以人民为中心"。中国共产党的执政理念在以人民为中心的发展观中得到了鲜明的表达，这一理念是推进乡村治理现代化的根本所在。以人民为核心的价值观也体现着社会主义制度优越性，它不仅能激发社会活力、提升政府公信力、提高民众生活质量，还可以凝聚人心、化解矛盾，从而实现国家与社会关系良性互动。以人民为中心的理念应当涵盖情感和方法两个方面的内涵。第一，情感层面。坚持人民情怀，使农民群众在乡村治理现代化的不断推进中拥有更多获得感、幸福感、安全感。在西方发达国家的城市化进程中可以发现，18世纪、19世纪的西方国家在工业化和城市化的快速推进中，也经历了农民土地流失和乡村经济衰退的历程。西方发达国家经历了长达两三百年的漫长岁月，直到城市化进程达到成熟阶段，城市居民才逐渐向周边地区扩散，从而实现了乡村振兴。随着城市振兴的推进，乡村的衰落似乎已成为城市化的必然趋势，然而，中国共产党作为一个以人民为中心的政党，全体人民对美好生活的向往，才是中国共产党的奋斗目标。在这一情感牵系下，中国共产党选择了城乡统筹发展的道路，致力于实现乡村振兴，以确保改革发展的成果更广泛、更优质、更公正地惠及全体人民，其中包括6亿农民，这体现了执政党的强大历史决心和政治勇气。第二，方法层面。坚持以农民为主体，充分发挥其主体性和创造性，不断汲取农民群众的经验和智慧，以实现人的现代化为目标。乡村治理的创新实践，是农民群众在长期实践中所创造的无数可复制、可借鉴的成果，这些成果为党和国家制定乡村治理政策方针提供了宝贵的资源和重要的依据。

第三节　乡村治理现代化的实现路径

在乡村治理的过程中，多元治理主体应协作共治，乡村治理机制应不断完善，组织治理能力应逐步提升，共同推进乡村治理工作。

一、多元主体协作共治

（一）发挥乡镇政府的主导作用

第一，制订并落实乡村治理规划。乡镇政府应根据上级政府文件和指示精神，结合本地区的实际情况，制定一系列针对乡村治理的具体措施，并将其细化到具体的人员和执行层面，以确保治理措施的有效性和可持续性。第二，乡镇政府要逐步实现职能转变。为适应时代发展的需求，乡镇政府的职能转型不仅是构建服务型政府，实现我国政府整体职能转型的重要组成部分，同时也是提高农村公共产品供给，让农民享受更多公共服务的关键所在。乡镇领导干部必须转变自身思想观念，树立以服务为核心的理念，不断提升服务水平，引导广大农户积极参与到新农村建设中去。此外，乡镇政府有责任提供公共服务，积极争取上级政策和资金，及时为村民提供最低生活保障救助，包括医疗、自然灾害、临时救助等，同时加强乡村基础设施建设，如网络、入户道路、村巷道、村上基础文化设施等方面的改善。让乡村治理的基础设施更加完备，让这些公共服务深入民众的心中。第三，要挖掘和培育社会力量。

乡镇政府有责任及时发现和培育社会组织，并在这些社会组织陷入困境时，主动采取一系列措施，例如，提供有利于社会组织发展的营商环境、贷款服务、政策指导和规范程序指引等，以帮助其克服困难，推动社会进步发展。

(二) 发挥村"两委"在治理中的决策作用

第一，明确村"两委"的职责。村支部书记负责村上全盘工作，村上副主任则负责推动本村的经济发展以及其他相关事务。村党支部应当（1）全面贯彻党的方针政策，积极引导村民实现财富自由。（2）协调处理好村干部之间的关系。（3）加强村庄的精神文明建设，提升村民的思想境界和个人素养水平。（4）领导村委会、村民合作社、监委会等各自发挥其职能，并对其进行监督，定期进行批评和自我批评，以确保其行为符合规范。村委会负责村上民政、社会保障、环境清洁、治安、涉农资金等。同时，村委会也要明确村上每位领导干部的职责和所分管的事项，确保每一项工作都得到妥善处理，以确保每一项工作都有专人负责、落实到位。第二，提高村"两委"班子干部队伍素质。习近平总书记强调，要进一步加强农村基层党组织建设，完善各项村级民主管理制度，特别是选好、用好、管好村"两委""带头人"。因此，必须在抓好村干部队伍思想政治建设上下功夫。新时代，我们要加强村"两委"班子的理论学习，通过深入学习"两学一做""饮水思源""党史学习教育"等专题，不断提升村两委班子成员的理论素养，时刻铭记中华民族的奋斗历程；我们要加强村"两委"班子团结，"两委"班子成员要巩固班子内部的凝聚力；我们要公平处理村上的矛盾，必须以客观公正的态度来处理，确保每个村民的权益都得到充分维护。第三，充分发挥村"两委"的决策作用。在村民自治的进程中，村"两委"扮演着至关重要的角色，当涉及重大事项或村民利益问题时，必须及时召开村民代表会议或村民大会，发挥决策者的作用，以确保问题得到妥善解决。

(三)发挥农村社会组织在治理中的协同作用

第一,各级政府要鼓励农村社会组织的发展。政府应制定相关政策和制度来引导农村社会组织健康有序成长壮大。在初创时期,由于村民缺乏相关意识,同时在组建过程中也会遇到多种困难,因此政府有责任发挥自身优势,积极协助这些社会组织克服困难,为其寻找发展之路,并提供强有力的支持。通过这样一个方式来促进农村社会组织快速健康地成长,让它成为社会主义新农村建设的一支重要力量,从而推动我国经济和社会的全面协调可持续发展。为了确保农村社会组织的发展不受任何阻碍,政府应当提供必要的人力、物力等方面支持。第二,提高自身发展的能力,建立符合自身发展的管理制度。为确保自身的发展,必须建立一套完善的人才选拔、财务管理和奖惩机制,如互助资金协会,要设立理事会、监事会、会员大会等,并明确各自的职责。在农村社会组织中,必须充分发挥监事会的职能,例如,互助资金协会在向农户提供贷款时,必须对互助资金协会进行全程监督,以确保贷款发放程序的规范性,从而保障农户的合法权益。为了确保农村社会组织的信息公开透明,必须定期进行领导机构的调整、会员的变动以及财务的公开,以确保村民能够有效监督并维护公平公正的社会秩序。第三,吸纳优秀人才。我们需要深入挖掘和培养本村村民的潜力,吸引村上的退休教师、干部、乡贤、商界人才等具备丰富社会经验和知识的人才加入社会组织,充分发挥他们的集体力量,发挥带头示范、出谋划策的作用,为乡村治理事业做出积极贡献。此外,鼓励农民融入农村社会组织,因为村民是乡村发展的中坚力量,同时也是农村社会组织发展的重要支柱,只有在村民积极参与的情况下,才能充分发挥其作用。第四,要主动担当。农村社会组织应主动承担责任,以自身能力和职责范围为限,主动为政府提供农村社会公共服务,充分发挥自身作用,提升乡村治理效能。

（四）发挥村民在治理中的主力军作用

第一，提高村民自治意识。在乡村治理的进程中，必须通过采用多种宣传手段，及时向村民普及法律知识，例如，新颁布的民法典和村民委员会组织法等，同时向党员领导干部普及党章和纪律处分条例等，以提高村民和党员干部对法律的认知水平，使这些法律法规深入人心，提高村民的自治意识和自觉参与意愿。第二，尊重村民创造精神。邓小平指出："我们改革开放的成功，不是靠本本，而是靠实践，靠实事求是，农村搞家庭联产承包，这个发明权是农民的。""农村改革中的好多东西，都是基层创造出来，我们把它拿来加工提高作为全国的指导。"[1] 第三，提升村民自治能力。首先，应通过网络媒体的广泛宣传、定期举办培训班、村干部的引导以及边干边学等多种方式，使村民掌握基本知识并明确自身的权利和义务，引导他们积极参与村上事务的决策、监督和协商，充分发挥村民的主体作用。其次，乡镇政府应当建立多样化的平台，为农民提供展示自身能力的机会，从而充分发挥他们在乡村治理中的主导地位。

二、治理机制完善发展

（一）完善乡村建设制度

第一，建立健全监管机制。首先，应当广泛征询村民对乡村治理的观点，拓宽他们的诉求渠道，通过在村委会和网络上设立意见收集箱等方式，向村上相关负责人反馈意见，以接受村民的反馈并及时采纳。其次，建立健全村务监督制度，依法对村务进行监督，定期公开村务、财

---

[1] 经济体制综合改革司，经济体制与管理研究所．改革开放 30 年：从历史走向未来［EB/OL］．国家发展和改革委员会，2008-12-31．

务等方面的信息，以确保村上各项工作得到事前、事中和事后的全面监督。最后，营造一种全民参与的监督氛围，鼓励村民积极参与监督过程，及时发现问题并采取有效措施进行整改。第二，科学制定村规民约。为了确保村规民约的准确性、合法性和全面性，乡镇基层政府应加强对其制定的指导，并在制定过程中提供可行性建议，以明确村民的权利和义务，确保每一条村规民约符合客观实际。乡镇政府应当将村规民约纳入法治轨道，定期组织学习与培训，及时修订完善村规民约。为了实现村民依法参与自治的目标，应当广泛普及村规民约，并采用多种宣传手段向村民普及，让他们深刻认识到自身的权利和义务。第三，选强配备优秀村干部。首先，必须严格遵守省、市、县的相关规定，精选出符合条件的村领导，并特别关注那些大学生、村上致富能手以及之前工作成绩突出的年轻、有文化的人加入村"两委"班子。同时要及时发掘那些具备卓越能力和杰出工作表现的人才，将其纳入村上后备干部队伍，并实行动态管理，以便及时调整和选拔。其次，注重提高村干部的整体素质，以村"两委"能力培训班、周一例会制度、专题讲座等多种形式，全面提升村领导的知识水平，为村干部提供一个优质的学习环境，为他们的能力提升提供一个平台，以解决他们在工作中所遇到的问题。定期开展病虫害、蔬菜大棚、果树管理技术等实用技能的培训，以激发村干部的积极性。

（二）创新基层服务管理制度

第一，提高服务意识。在为群众提供服务的过程中，基层干部应当始终坚持以群众为中心的工作理念，及时将政策传达给村民，而不是仅仅向村干部传达；还应当注重工作方式，深入了解群众在日常生活中所面临的实际难题，并及时提供政策上的指导和实际的帮助。此外，基层干部通过深入学习党史、业务等方面的知识，提升为民服务意识，增强专业技能和素养。第二，提倡"互联网+党建"治理。在新农村建设中，应该把发展互联网作为新时代推进农业现代化的重要手段。首要之务在于推广互联网的应用，以确保互联网技术真正地服务于"三农"事业。农村基层党组织必须发展创新思维，借助互联网平台开拓全新的治理途径，为乡村治理奠定坚实的基础。基层政府、村"两委"、农村社会组织、村民等治理主体必须具备应用互联网技术解决问题的思维和意识，积极通过互联网技术的应用解决所遇到的问题，并且提出意见，完善其相应体系。第三，创新日常工作思路和方式。基层治理主体应积极主动地探索一些高效便捷的工作方式，利用抖音、快手等网络平台推销当地的农特产品，如苹果、红枣、小米等，从而解决农民销售难的问题。

（三）健全"三治结合"的机制

第一，健全乡村自治机制，提升乡村治理自治水平。严格按照规定程序进行村庄换届选举和合理选拔村级领导，同时增加村民参与自治的频率。要完善村民代表会议制度和民主管理制度，切实保证党员民主权利的行使，使广大人民群众能够真正当家作主，更好地发挥基层党组织战斗堡垒作用和广大党员先锋模范作用。要最大限度地发挥农村社会组织的作用，确保自治组织和农村社会组织之间的协调，协助村民实现自治目标。要整合优质资源和优化公共服务，协调好村民自治组织和农村社会组织之间的矛盾，共同促进和发展。积极探索有效的村民自治模式，通过"微治理"手段对自治主体进行精细化划分，明确自治范围，丰富自治内容，从而实现基本自治单元从客体向主体、由被动向主动、由后台向前台的转变。根据乡村自身的发展特点，形成各具特色的自治模式。

第二，完善法律保障机制，有效提升治理法治化水平。为确保村民的合法权益得到维护，必须加强农民的法律认知和理解，使其能够运用法律工具进行维权。基层干部和村干部应当以身作则，严格遵守法律法规，在工作中以法律为准绳，以公正公平的态度为民办事。加强乡村法律服务保障，特别是完善农村弱势群体，如留守妇女、儿童、老人等群体的法律援助机制，以确保他们得到充分的法律支持和保障。加大农村社会治安综合治理力度，严厉打击各种违法犯罪行为，加强基层民主政治建设，提高广大人民群众依法治村水平。积极推进乡村平安建设，致力于打造法治典范村庄。加强农村基层法治宣传教育，提高农民法律意识。加强乡村司法救济的完备性，扩大村民司法援助的渠道。

第三，健全乡村德治机制，提升乡村治理德治化水平。通过广泛宣传和营造德治氛围，将道德的重要性潜移默化地渗透到人们的内心深处，增强团结意识，提高人们的道德素质。为了解决农民的思想问题，必须在新时代摆脱陈旧的思维模式，让社会主义核心价值观在人们心中根深蒂固，积极响应国家的大政方针，全力推进农业生产工作的开展。建立一套道德激励和奖励机制，以激励人们追求高尚的品德。鼓励先进的农村发展理念和科学发展观。为了激发农民在农业生产工作中的创造性，基层政府可以采取物质奖励措施，以激励再生产和创造的动力，特别是对于那些在农业生产工作中取得重大突破或发现的村民。高度重视本土文化，并不断探索创新本土文化的形式，尝试通过制作短视频、发布公众号、发布征集文稿等多种方式，促进本土文化的繁荣发展，还要鼓励群众开展各种活动来弘扬优秀传统文化，使其得到传承与发展。同时，也要加强文化硬件设施的建设。

三、治理能力整体提升

（一）提升基层党组织的引领能力

第一，以基层党建引领乡村治理。党是国家治理的中枢，必须毫不动摇地捍卫党中央的权威，建立完善的全局把握和各方协调的领导制度，确保党的领导贯穿于国家治理的各个领域和环节。必须把农村基层党建作为党的建设的基础工程来抓,充分发挥党的领导核心作用,在党的领导下全面推进乡村治理各项工作。第二,让基层党建与乡村治理有机融合。加强对后进支部和软弱涣散党组织的建设,以提升其组织能力和战斗力,同时要注重发挥好党员先锋模范作用,充分发挥党支部战斗堡垒作用和党员的示范带动效应,不断增强党在农村各项执政资源的整合力、凝聚力与影响力。第三,探索创新乡村治理模式。我们应加强对党建引领乡村治理效果的考核权重,以激发党员干部的政治自觉和使命责任感,引导其摆脱陈旧思想的束缚,主动掌握"乡村治理"的本质和内涵,提升综合素养和技能水平,开拓创新乡村治理新模式。

(二)提升产业发展的支撑能力

第一,要发挥科技的引领作用。首先,将科学思维融入产业发展。随着科技的不断进步,乡村产业也在不断演变,因此需要运用科学思维来促进其发展。为了实现产业的融合发展,需要制订科学的理论规划,并利用互联网、大数据等技术手段进行深入研究。其次,提升科学技术的创新能力。通过邀请技术专家在田间地头、课堂上传授技术,培养一批具备新理念、技术过硬、善于经营和管理的农民,以促进当地新时代农民的发展;建立农业科技示范园区,引进更多的科技人才,提高科技成果转化率。第二,要积极引导产业转型升级。首先,种植业转型。种植业要朝着现代人们需求的方向转型,西红柿、彩椒、黄瓜、菌菇等要朝着绿色有机的方向发展,及时引进适应市场需求的新品种。其次,养殖业转型。养殖业要朝着标准化的方向进行转型升级,对圈舍进行规范化管理,增加品种多样性,提高肉类口感,同时引入先进的养殖技术,拓展产品销路,注重品牌的塑造。第三,要大力发展农产品精深加工。依托特色农业资源优势发展农特产品加工业产业集群,涵盖红枣、苹果、杂粮、中草药等多种农产品,推进农产品加工流通业和农业服务业的转型升级,以促进农业现代化和可持续发展。

(三) 提升乡村化解矛盾的能力

第一，从多方位建立矛盾化解机制。从制度、人员组成、职责等多个方面出台管理制度，建立矛盾化解机制。在程序上，除了保持"灵活性"特点之外，还要完善纠纷受理、调查取证、当事人询问、调解过程、协议书制作的整体程序，做好调解工作台账记录和调解案宗的制作。在调解矛盾完成之后制定调解协议书，并使其具有法律效力。调解协议书一定要格式规范、内容规范、流程规范。第二，提高说事员的素养和矛盾调解能力。为了确保说事员的选拔符合规范，必须通过村民选举产生一批具备能力、责任心和威望的村民来担任该职位。此外，提高说事员队伍的矛盾调解能力。应定期对说事员队伍进行常态化的培训，邀请经验丰富的公检法工作人员对其进行专业知识的传授，加强说事员队伍的职业化和专业化建设，同时还要传授一些高效的矛盾调解技巧，以提高其调解能力。第三，发挥村"两委"的职能作用。在调解矛盾的过程中，村"两委"必须紧密结合依法自治，始终以法律为基石，依法行使权利和履行义务，并在日常工作中不断加强法律知识的学习，成为守法、懂法、按规矩办事的班子成员。第四，用法治思维解决问题。当村民面临问题时，村"两委"通常采用传统的方式来解决，而不是使用法律工具来解决，这是他们的惯例。在日常工作中，村"两委"应当引导村民运用法律工具来捍卫自身权益，使法律深入人心，提高对法律的理解和运用。

参考文献

著作

[1] 中共中央马克思恩格斯列宁斯大林著作编译局. 马克思恩格斯全集：第16卷 [M]. 北京：人民出版社, 1964.

[2] 中共中央马克思恩格斯列宁斯大林著作编译局. 马克思恩格斯全集：第20卷 [M]. 北京：人民出版社, 1971.

[3] 中共中央马克思恩格斯列宁斯大林著作编译局. 马克思恩格斯全集：第23卷 [M]. 北京：人民出版社, 1972.

[4] 中共中央马克思恩格斯列宁斯大林著作编译局. 列宁全集：第44卷 [M]. 北京：人民出版社, 1987.

[5] 中共中央马克思恩格斯列宁斯大林著作编译局. 列宁全集：第38卷 [M]. 北京：人民出版社, 1986.

[6] 中共中央文献研究室. 毛泽东文集：第1卷 [M]. 北京：人民出版社, 1993.

[7] 中共中央文献研究室. 毛泽东文集：第2卷 [M]. 北京：人民出版社, 1993.

[8] 中共中央文献研究室. 毛泽东文集：第3卷 [M]. 北京：人民出版社, 1996.

［9］中共中央文献研究室．毛泽东文集：第4卷［M］．北京：人民出版社，1996．

［10］邓小平．邓小平文选：第1卷［M］．北京：人民出版社，1994．

［11］邓小平．邓小平文选：第2卷［M］．北京：人民出版社，1983．

［12］邓小平．邓小平文选：第3卷［M］．北京：人民出版社，1993．

［13］江泽民．江泽民文选：第1卷［M］．北京：人民出版社，2006．

［14］江泽民．江泽民文选：第2卷［M］．北京：人民出版社，2006．

［15］江泽民．江泽民文选：第3卷［M］．北京：人民出版社，2006．

［16］胡锦涛．胡锦涛文选：第3卷［M］．北京：人民出版社，2016．

［17］习近平．习近平谈治国理政［M］．北京：外文出版社，2014．

［18］习近平．习近平谈治国理政：第2卷［M］．北京：外文出版社，2017．

［19］习近平．习近平谈治国理政：第3卷［M］．北京：外文出版社，2020．

［20］中共中央文献研究室．十八大以来重要文献选编：上［M］．北京：中央文献出版社，2014．

［21］本书编写组．党的十九大报告辅导读本［M］．北京：人民出版社，2017．

[22] 中共中央宣传部宣传教育局组织. 公民道德建设实施纲要学习读本 [M]. 北京: 人民出版社, 2001.

[23] 习近平. 决胜全面建成小康社会夺取新时代中国特色社会主义伟大胜利 [M]. 北京: 人民出版社, 2017.

[24] 中共中央宣传部. 习近平总书记系列重要讲话读本 [M]. 北京: 学习出版社, 2014.

[25] 中共中央宣传部. 习近平新时代中国特色社会主义思想三十讲 [M]. 北京: 学习出版社, 2018.

[26] 中共中央纪律检查委员会, 中共中央文献研究室. 习近平关于党风廉政建设和反腐败斗争论述摘编 [M]. 北京: 中央文献出版社, 2015.

[27] 中共中央文献研究室. 十八大以来重要文献选编: 中 [M]. 北京: 中央文献出版社, 2016.

[28] 中共中央文献研究室. 习近平关于全面深化改革论述摘编 [M]. 北京: 中央文献出版社, 2014.

[29] 中共中央文献研究室. 习近平关于全面依法治国论述摘编 [M]. 北京: 中央文献出版社, 2015.

[30] 中共中央文献研究室. 习近平关于全面建成小康社会论述摘编 [M]. 北京: 中央文献出版社, 2016.

[31] 中共中央文献研究室. 习近平关于全面从严治党论述摘编 [M]. 北京: 中央文献出版社, 2016.

[32] 中国扶贫发展中心. 脱贫攻坚与乡村振兴衔接: 生态 [M]. 北京: 人民出版社, 2020.

[33] 中央书记处农村政策研究室资料室. 中国农村社会经济典型调查: 1985年 [M]. 北京: 中国社会科学出版社, 1987.

[34] 中国社会科学院农业经济研究所. 农村人民公社体制改革调

查[M].北京：中国社会科学院，1984.

[35] 费孝通.乡土中国[M].北京：北京大学出版社，2010.

[36] 付翠莲.乡村振兴战略背景下的农村发展与治理[M].上海：上海交通大学出版社，2019.

[37] 高启杰.农村发展理论与实践[M].北京：国家开放大学出版社，2018.

[38] 贺雪峰.大国之基：中国乡村振兴诸问题[M].北京：东方出版社，2019.

[39] 贺雪峰.新乡土中国[M].北京：北京大学出版社，2013.

[40] 孔祥智.乡村振兴的九个维度[M].广州：广东人民出版社，2018.

[41] 梁漱溟.乡村建设理论[M].上海：上海人民出版社，2006.

[42] 梁英.农村基层党建科学化研究[M].北京：社会科学文献出版社，2017.

[43] 刘靖北.全国基层党建创新典型案例[M].北京：党建读物出版社，2018.

[44] 卢先福，龚永爱.农村基层党建历程[M].长沙：湖南师范大学出版社，2011.

[45] 米有录，王爱平.静悄悄的革命：中国村民自治的历程[M].北京：中国社会出版社，1999.

[46] 肖纯柏.农村基层党组织功能实现途径研究[M].北京：人民出版社，2011.

[47] 曾蓉.从文化视角探索乡村振兴的发展之路[M].北京：经济管理出版社，2020.

[48] 周挺.乡村治理与农村基层党组织建设[M].北京：知识

产权出版社，2013.

[49] 中国农业大学马克思主义学院. 农村基层党建与全面建成小康社会［M］. 北京：社会科学文献出版社，2018.

期刊

[1] 陈家刚. 乡村治理：转型发展的逻辑与路径［J］. 学习与探索，2015（2）.

[2] 党国英. 我国乡村治理改革回顾与展望［J］. 社会科学战线，2008（12）.

[3] 郭明亮. 新时代实施乡村振兴战略研究［J］. 现代交际，2018（15）.

[4] 贺雪峰. 村庄精英与社区记忆：理解村庄性质的二维框架［J］. 社会科学辑刊，2000（4）.

[5] 贺雪峰. 乡村治理研究的三大主题［J］. 社会科学战线，2005（1）.

[6] 季婵燕. 论村庄治理的结构性困境及其创新路径：浙西农村的个案分析［J］. 四川行政学院学报，2016（3）.

[7] 姜晓萍. 乡村振兴中组织振兴何以有效［J］. 乡村振兴，2021（11）.

[8] 赖秀清，郭雄志. 基层党组织实现乡村有效治理的优化路径：基于福建省永安市小陶镇五一村的调查研究［J］. 农村·农业·农民（B版），2022（7）.

[9] 李军国. 准确把握乡村振兴战略的总要求［J］. 新长征，2018（3）.

[10] 李丽. 微腐败治理视角下村级财务管理的有效路径探析［J］. 农村·农业·农民（A版），2022（12）.

[11] 李明, 赵金科. 乡村振兴战略的重大意义及有效路径探微 [J]. 新疆社科论坛, 2019 (1).

[12] 庄龙玉, 龚春明. 新时代乡村治理的理念与路径 [J]. 西南民族大学学报 (人文社科版), 2018, 39 (6).

[13] 吕德文. 70年来乡村治理的自治传统及实践动向 [J]. 人民论坛, 2019 (29).

[14] 秦中春. 实施乡村振兴战略的意义和重点 [J]. 新经济导刊, 2017 (12).

[15] 孙肖远. 全面提升城乡基层党组织的组织力 [J]. 群众, 2019 (19).

[16] 王铭铭, 杨清媚. 费孝通与《乡土中国》[J]. 中南民族大学学报 (人文社会科学版), 2010, 30 (4).

[17] 王同昌. 新时代农村基层党组织振兴研究 [J]. 中州学刊, 2019 (4).

[18] 魏后凯. 深刻把握农业农村现代化的科学内涵 [J]. 农村工作通讯, 2019 (2).

[19] 吴重庆. 从熟人社会到"无主体熟人社会" [J]. 读书, 2011 (1).

[20] 习近平. 把乡村振兴战略作为新时代"三农"工作总抓手 [J]. 求是, 2019 (11).

[21] 项继权. 改革40年: 农民和集体不断解放的过程 [J]. 社会科学文摘, 2018 (11).

[22] 徐勇. 挣脱土地束缚之后的乡村困境及应对: 农村人口流动与乡村治理的一项相关性分析 [J]. 华中师范大学学报 (人文社会科学版), 2000 (2).

[23] 杨春娟. 农民道德观念变迁与道德提升路径选择 [J]. 河北

师范大学学报（哲学社会科学版），2009，32（5）．

[24] 羊中太，雪蒙．乡村基层组织体系建设的价值、困境与优化[J]．辽宁经济，2022（4）．

[25] 殷梅英．以组织振兴为基础推进乡村全面振兴[J]．中国党政干部论坛，2018（5）．

[26] 俞可平．法治与善治[J]．西南政法大学学报，2016，18（1）．

[27] 张洁．乡村振兴战略的五大要求及实施路径思考[J]．贵州大学学报（社会科学版），2020，38（5）．

[28] 张逸芳，陈国申．乡村振兴背景下农村组织建设研究的新趋势[J]．领导科学论坛，2018（19）．

[29] 张艳娥．关于乡村治理主体几个相关问题的分析[J]．农村经济，2010（1）．

[30] 郑炀和．论乡村精英与乡风文明建设：从权威与秩序的视角[J]．宁波大学学报（人文科学版），2009，22（3）．

[31] 朱大鹏．当代中国社会变革与"新版"社会主义[J]．思想教育研究，2018（10）．

学位论文

[1] 管文行．乡村振兴背景下农村治理主体结构研究[D]．长春：东北师范大学，2019．

[2] 黄鑫权．新时代乡村振兴问题研究[D]．贵阳：贵州师范大学，2020．

[3] 王瑞东．乡村振兴战略背景下农村基层党组织建设研究[D]．济南：齐鲁工业大学，2021．

报纸

[1] 按照宪法规定实行政社分开 [N]. 人民日报, 1984-02-15.

[2] 韩长赋. 实施乡村振兴战略推动农业农村优先发展 [N]. 人民日报, 2018-08-27 (7).

[3] 黄海鸣. 基层党建工作要有"三度" [N]. 贵州日报, 2019-09-16 (6).

[4] 刘艳文. 以乡村"善治"推进乡村振兴 [N]. 中国社会科学报, 2019-01-31.

[5] 习近平. 决胜全面建成小康社会夺取新时代中国特色社会主义伟大胜利 [N]. 人民日报, 2017-10-19 (2).

[6] 夏继伟, 邓强. 用文化为乡村振兴铸魂 [N]. 解放军报, 2018-12-20.

[7] 乡村振兴, 农村基层党组织必须坚强, 党员队伍必须过硬 [N]. 黑龙江日报, 2018-03-09 (10).

[8] 赵阳, 王宾, 陈春良, 等. 走中国特色社会主义乡村振兴道路 [N]. 农民日报, 2018-02-09 (1).

[9] 中共中央关于加强党的政治建设的意见 [N]. 人民日报, 2019-02-28 (1).

[10] 中共中央国务院关于坚持农业农村优先发展做好"三农"工作的若干意见 [N]. 光明日报, 2019-02-20.

[11] 中共中央国务院关于建立健全城乡融合发展体制机制和政策体系的意见 [N]. 人民日报, 2019-05-06 (1).

[12] 中共中央国务院关于实施乡村振兴战略的意见 [N]. 人民日报, 2018-02-05 (1).